La Búsqueda del CARACTER MADURO

Charles R. Swindoll

*Traducción de
Nelda B. de Gaydou*

EDITORIAL MUNDO HISPANO

EDITORIAL MUNDO HISPANO
Apartado Postal 4256, El Paso, TX 79914, EE. UU. de A.
www.editorialmh.org

La búsqueda del carácter maduro. © Copyright 1990, Editorial Mundo Hispano. 7000 Alabama St., El Paso, Texas 79904, Estados Unidos de América. Traducido y publicado con permiso. Todos los derechos reservados. Prohibida su reproducción o transmisión total o parcial, por cualquier medio, sin el permiso escrito de los publicadores.

Publicado originalmente en inglés por Multnomah Press, Portland, Oregon. © Copyright 1987, bajo el título *The Quest for Character*, por Charles R. Swindoll.

Ediciones: 1989, 1993, 1999
Cuarta edición: 2004

Clasificación Decimal Dewey: 248.4

Temas: 1. Vida cristiana, 2. Carácter

ISBN: 0-311-40050-7
EMH Art. No. 40050

4 M 5 04

Impreso en Colombia
Printed in Colombia

Este libro está
cariñosamente dedicado
a mis colaboradores más cercanos en el
ministerio.

> Paul Sailhamer
> Buck Buchanan
> Doug Haag
> Mel Howell
> Howie Stevenson

Su autenticidad, consistencia, integridad y lealtad me han sido de inestimable valor
a lo largo de los años compartidos en
la Primera Iglesia Evangélica Libre de
Fullerton, California.
Por su ejemplo he llegado a convencerme de
que la búsqueda del carácter maduro
es una meta cuyo logro vale la pena.

Indice

Introducción   9

PRIMERA PARTE: GUARDA TU CORAZON   17
    Blancos de tentación   20
    Exito verdadero   24
    Entumecimiento colectivo   28
    Un asesino enjaulado   32
    El juicio de Dios   36
    Felpudos   40
    Restauración   43
    Aquel día... Este día   46
    Animo constante   50
    Soledad en el liderazgo   53
    Sinceridad   57
    Honestidad   61
    Ayer, hoy, mañana   64
    Abundancia y escasez   67
    Escape   70
    Una espiral descendente   74
    Rigidez   78
    Curiosidad   83
    Negligencia paterna   86
    Belleza... a la distancia   91

SEGUNDA PARTE: ENTREGA TU CORAZON 97
   Dar con placer   99
   Dos minutos memorables   103
   Perdedores   107
   Intercesión   111
   ¡Sigue adelante!   114
   Determinación mental   117
   Tu lugarcito   120
   Encanto   122
   Compromiso sabio   125
   Contentamiento   129
   Cosas que no cambian   133
   Verdadero trabajo en equipo   137
   Dedicación   141
   Soñar   144
   Caricaturas   147
   El regalo que perdura   151
   Un momento para la verdad   155
   La garra   159
   Fe de aguas profundas   163
   Liberación   169

Conclusión   173

Santiago 1:2-4

Hermanos míos, ustedes deben tenerse por muy dichosos cuando se vean sometidos a pruebas de toda clase. Pues ya saben que cuando su fe es puesta a prueba, ustedes aprenden a soportar con fortaleza el sufrimiento. Pero procuren que esa fortaleza los lleve a la perfección, a la madurez plena, sin que les falte nada (Dios habla hoy).

Introducción

> *Mi primera visita directa al Titanic duró menos de dos minutos, pero el aspecto desolado del inmenso casco negro erguido sobre el fondo del océano permanecerá estampado para siempre en mi memoria. El sueño de mi vida era encontrar este gran barco, y durante los últimos trece años su búsqueda había dominado mi vida. Ahora, por fin, la búsqueda había acabado.*[1]

Así escribió Robert Ballard después de descubrir el fantasmagórico casco del *H.M.S. Titanic* en su solitario amarradero a más de dos millas de profundidad en el Atlántico Norte. Durante casi tres cuartos de siglo, la gran dama había sido celebrada en leyenda. Su falda estaba festoneada por décadas de descomposición y sedimento. Su collar estaba oxidado y retorcido. Aunque todavía impacta por sus dimensiones, su toque de elegancia ha desaparecido. Ya no es la hermosa doncella que salió en su primera cita a comienzos del abril de 1912. Sólo cinco días después del comienzo de su romántico viaje, fue secuestrada y poco después muerta por un frío y desalmado témpano de hielo que la acechaba a 560 kilómetros al sudeste de Terranova.

Lo demás es historia conocida, aunque trágica. Sola y silenciosa ha llorado grandes lágrimas de óxido, no sólo por sí misma sino aun más por aquellas 1.522 almas que fueron llevadas con ella.

Nadie sabía a ciencia cierta su paradero hasta que una luz estroboscópica penetró su misteriosa y lodosa tumba el primero de septiembre de 1985. En ese memorable día el hombre que la había amado demasiado para olvidarla, cuyos últimos trece años habían sido "dominados" por su "búsqueda" tuvo su primer vistazo de ella. ¿Cuánto le fascinó la apariencia de la doncella? Lo suficiente como para tomarle 53.500 fotografías. Lo suficiente como para estudiar cada porción posible de su gigantesca armazón... unos 300 metros de largo, 30 metros de ancho y 46.328 toneladas de peso. Lo suficiente como para respetar su intimidad y dejarla tal como la encontró, no perturbada y no explotada una vez que había completado su control. Como dijo Ballard después de su última visita: "...la búsqueda del *Titanic* ha terminado. Que ahora pueda descansar en paz."[2] Misión cumplida.

En varias ocasiones el explorador usó la misma palabra para describir el sueño de su vida: "búsqueda". Una búsqueda es la prosecución de una meta. El diccionario inglés Webster agrega una dimensión pintoresca a la definición al aclarar que en el romance medieval se refiere a una empresa caballeresca que generalmente incluye un viaje de aventuras. Eso probablemente le haría sonreír a Robert Ballard. De una extraña manera su viaje aventurero fue verdaderamente un romance con una dama mucho mayor que él.

¿Cuál es *tu* búsqueda? ¿Tienes un "sueño de toda la vida"? ¿Hay algo que "domine" tu vida al punto de absorber tu atención durante trece años o más? ¿Hay algún "viaje de aventuras" del cual quisieras participar... algún descubrimiento que ansías hacer... alguna empresa que imaginas en secreto? Sin una búsqueda la vida se reduce rápidamente a un negro desolador y un blanco insípido, una dieta demasiado insulsa para motivarnos a salir de la cama por la mañana. Una búsqueda aviva nuestro fuego. No nos permite flotar a la deriva juntando desechos. Mantiene la mente activa, nos hace seguir adelante. Todos estamos rodeados por los resultados de la búsqueda de otros y somos beneficiados por ellos. Permíteme enumerar algunos ejemplos.

Introducción

* Sobre mi cabeza hay una brillante luz eléctrica. *Gracias, Edison.*
* En mi nariz tengo anteojos que me permiten ver claro. *Gracias, Franklin.*
* En mi garaje hay un auto listo para llevarme dondequiera que lo conduzca. *Gracias, Ford.*
* Sobre mis estantes hay libros llenos de páginas interesantes y bien documentadas. *Gracias, escritores.*
* Atravesando mi mente hay ideas, recuerdos, pensamientos estimulantes y habilidades creativas. *Gracias, maestros.*
* Muy dentro de mí hay rasgos de personalidad, convicciones profundas, un sentido del bien y del mal, un amor por Dios, un compás ético, un compromiso de por vida con mi esposa y mi familia. *Gracias, padres.*
* Escondidos en los pliegues de mi vida están la disciplina y la determinación, la negación del abandono ante lo difícil, un amor por la libertad de nuestro país, un respeto por la autoridad. *Gracias, Marina.*
* Durante el día llegan a mis oídos sonidos de música hermosa, cada pieza de la cual representa una mezcla diferente de melodía y ritmo... letras que quedan. *Gracias, compositores.*
* En casa hay un ambiente pacífico y magnético, diseños atrayentes, empapelados coloridos, muebles cómodos, abrazos que afirman, un refugio en momentos de tempestad. *Gracias, Cynthia.*

Mi lista podría seguir. También la tuya. Porque alguien se preocupó lo suficiente como para soñar, perseguir y completar su búsqueda, nuestra vida es más cómoda, más estable. Sin más, eso es suficiente para impulsarme hacia adelante.

¿Y qué hay de ti? ¿Estás soñando con escribir un artículo o un libro? ¡Hazlo! ¿Te estás preguntando si vale la pena todo ese trabajo con los niños? La vale. ¡Sigue adelante! ¿Quieres volver a estudiar y completar esa carrera? Vuelve y hazlo... paga el precio, ¡aunque tome años! ¿Estás en medio de la redecoración y te estás hartando del desorden? ¡Persiste! ¿Estás procurando perfeccionarte en una habildad que requiere tiempo, paciencia y energía (por no decir nada del dinero)? ¡Sigue sin detenerte! ¿No puedes sacarte esa melodía de la cabeza... tienes algunas canciones que necesitan ser anotadas? Ponte en marcha. ¡Trabaja! ¿Estás pensando en poner un negocio por cuenta propia? ¿Por qué no? Es difícil encontrar verdadera satisfacción a mitad de camino de un sueño ajeno.

Dios siempre está ocupado en una búsqueda. ¿Alguna vez lo pensaste? Su búsqueda es un tema entretejido a lo largo de la trama del Nuevo Testamento. El modelo que él sigue está expuesto en Romanos 8:29, donde promete conformarnos a la imagen de su Hijo. Otra promesa es la que se encuentra en Filipenses 1:6, donde se nos dice que él empezó su trabajo en nosotros y no está dispuesto a parar. En otra oportunidad hasta nos llama "hechura suya" (Efesios 2:10). ¡Nos está martillando, limando, cincelando y formando! La segunda epístola de Pedro hasta muestra una *lista* de algunas de las cosas incluidas en esta búsqueda —diligencia, fe, excelencia moral, conocimiento, dominio propio, perseverancia, piedad, afecto fraternal y amor (2 Pedro 1:5-7). En resumen... carácter maduro.

Cualidades de un carácter maduro en sus hijos —esa es la búsqueda incesante de Dios. Su luz estroboscópica seguirá penetrando nuestra oscuridad. El no abandonará la búsqueda hasta que haya completado su lista. ¿Y cuándo será eso? Cuando descansemos en paz... ni un día antes. Sólo entonces habrá completado su misión en nosotros. Tenemos que agradecerle por no darse por vencido mientras atravesamos el proceso de desarrollar el carácter maduro. *Gracias, Señor.*

Este es un libro acerca de eso. No pretende ser una lista exhaustiva de todas las cualidades necesarias, ni mucho menos. Pero sí incluye aquellas que merecen nuestra atención inmediata. Como verás, Dios no trabaja en un vacío. El podría hacerlo (y a veces lo hace), pero cuando se trata de rasgos de personalidad, él nos mete en la acción. Su búsqueda se convierte en nuestra búsqueda. Las preocupaciones que pesan en su corazón comienzan a pesar en el nuestro. Uso la palabra "corazón" porque ése es el término que la Biblia usa para describir el lugar donde primero se forman las cualidades que vale la pena tener en

Introducción

nuestra vida. Tal vez podríamos decir que el corazón es el vientre del carácter.

A veces debemos guardar el corazón... protegerlo de la invasión y mantener las cosas seguras, a salvo. A veces debemos entregar nuestro corazón... dejar salir algunas cualidades hacia los demás. Ya que las dos cosas son ciertas, he dividido el libro según ese doble énfasis. Las primeras veinte lecturas te invitan a *guardar tu corazón*, de modo que las cosas que no tienen ningún derecho a estar adentro no arremetan y se introduzcan. Las últimas veinte lecturas te desafían a *entregar tu corazón*, liberando rasgos que necesitan ser puestos al servicio de otros y para la gloria de Dios.

Debo reconocer a varias personas que desempeñaron papeles vitales en la elaboración de este volumen. En Multnomah Press, la editorial, Larry Libby, mi viejo amigo y editor, junto con las inimitables habilidades creativas de Brenda Jose, me brindaron ayuda y aliento invalorables. Estoy en deuda con ambos por su competencia, su cooperación y su confianza. En la oficina, Helen Peters, mi fiel y constante secretaria, que ha trabajado conmigo en todas mis obras publicadas, merece un aplauso especial. Mientras viajaba, escribía mis ideas, las juntaba en una pila y las ponía ante ella en las condiciones más diversas, y ella gentilmente aceptó el desafío y diligentemente pasó el manuscrito a máquina. En casa, Cynthia, Colleen y Chuck no han dejado de comprender mi necesidad de escribir ni me han hecho sentir culpable cuando el vencimiento de plazos me forzó a decirles que no a ellos y que sí a esto. Más bien han disminuido sus demandas y bajado sus expectativas. Hasta han sonreído comprensivamente ante mi preocupación cuando mi cuerpo estaba allí pero mi cabeza estaba aquí. ¡Tres hurras para las tres C!

Ahora, finalmente, como Robert Ballard, he terminado mi búsqueda. Por lo menos ésta que tienes en tus manos. Aquella otra —la mucho más grande a la cual me refiero a través de todo el libro— nunca se terminará, sino cuando descanse en paz. Estaré guardando y entregando mi corazón por el resto de mi vida. Dios nunca dejará de martillar aquellas cosas en mí que necesitan ser clavadas o de lijar mis asperezas o de cincelar mis actitudes. A diferencia del hombre que completó su búsqueda cuando encontró el *Titanic*, estaré involucrado en la búsqueda del carácter maduro a lo largo de mis días. Y tú también.

Mi gran deseo es que estas páginas nos den más paciencia durante el proceso y mayor aguante hasta el final. Cuando esta búsqueda finalmente acabe, puedes estar seguro que estaremos en su gloriosa presencia, conformándonos a la imagen de su Hijo.

Chuck Swindoll
Fullerton, California

---

1. Robert D. Ballard, "A Long Last Look at Titanic" (Una última y larga mirada al Titanic), *National Geographic* 170 (Diciembre, 1986), págs. 698-705.
2. Ibid.

PRIMERA PARTE

Primera parte

GUARDA TU CORAZON

La vida es una jungla.
¿Quién no ha estado hasta el cuello en las arenas movedizas de los plazos y las demandas? ¿Quién no ha librado batallas en contra de irritaciones semejantes a un cocodrilo en el fango del exceso de compromisos, del incumplimiento de potenciales y de la saturación? Encima de todo eso están aquellas emboscadas de la crítica que se lanzan sobre nosotros como leones hambrientos y que, como garras de pantera, nos despedazan. Sólo los más fuertes sobreviven. Y entre aquellos que lo hacen, los que perciben el peligro y conocen las técnicas de autodefensa llegan en las mejores condiciones.

Jay Rathman es uno de estos hombres. Mientras estaba cazando ciervos en el norte de California, trepó a un saliente de la pendiente de un rocoso desfiladero. Al levantar la cabeza para mirar más allá del saliente, sintió un movimiento cerca de su cara. Una serpiente cascabel enroscada atacó con velocidad relampagueante, zumbando junto a la oreja derecha.

> Los colmillos de la serpiente se engancharon en el cuello del suéter de lana de Rathman y la fuerza del lanzamiento hizo que la serpiente cayera sobre su hombro izquierdo. De inmediato se enroscó alrededor de su cuello.
> La agarró detrás de la cabeza con la mano izquierda y pudo sentir como bajaba el veneno caliente por la piel de su cuello mientras los cascabeles hacían un ruido furioso.

Cayó de espaldas y se deslizó cabeza abajo por la empinada pendiente entre arbustos y rocas de lava, acompañado por los rebotes de su rifle y de sus binoculares.

"La suerte quiso que terminara atascado entre las piedras con los pies hacia arriba. Apenas podía moverme," dijo al describirle el incidente a un oficial del Departamento de Caza y Pesca.

Levantó el rifle con la mano derecha y lo usó para desenganchar los colmillos de su suéter, pero la víbora ahora tenía la suficiente movilidad como para volver a atacar.

"Se lanzó unas ocho veces y logró pegarme con su nariz justo debajo de mi ojo como cuatro veces. Mantuve la cara volteada para que los colmillos no tuvieran un buen ángulo, pero estuvo muy cerca. Esta tipa y yo estuvimos cara a cara y descubrí que las víboras no parpadean. Tenía colmillos como agujas... Tuve que estrangularla hasta matarla. Era la única salida. Tenía miedo de que toda la sangre que se me estaba acumulando en el cerebro me hiciera desmayar.

Cuando trató de tirar el cuerpo de la víbora, no podía soltarla —"Tuve que forzar los dedos asidos al cuello del animal para separarlos".

Rathman, de cuarenta y cinco años, que trabaja para el Departamento de Defensa en San José, estima que su encuentro con la serpiente duró unos veinte minutos.

El guardabosques Dave Smith describe de esta manera su encuentro con Rathman: "Caminó hacia mí blandiendo un manojo de cascabeles y con una sonrisa me dijo: 'Me gustaría asentar una queja acerca de su fauna'."[3]

Cuando leí por primera vez este espeluznante relato pensé cuánto se asemeja la lucha de Rathman a la vida diaria. En el momento menos pensado somos atacados. Con traicionera fuerza estos ofídicos ataques nos hacen perder el equilibrio al enroscársenos. Expuestos y vulnerables, podemos ser presa fácil de estos ataques. Son frecuentes y variados: dolor físico, trauma emocional, estrés relacional, dudas espirituales, conflictos matrimoniales, tentaciones carnales, reveses económicos, asaltos demoníacos, desilusiones... paf-paf, paf, *paf,* ¡PAF!

Luchamos sin cesar por la supervivencia, sabiendo que cualquiera de esos golpes puede dar en el blanco y propagar veneno que inmoviliza y paraliza, dejándonos impotentes. ¿Y cuál es exactamente ese blanco? El corazón. Así es cómo la Biblia lo llama. Nuestra persona interior. Allí, muy en lo profundo, donde nace la esperanza, donde se toman las decisiones, donde toma fuerzas el compromiso, donde se guarda la verdad, donde se forma el *carácter* (aquello que nos da profundidad y nos hace sabios).

Con razón el antiguo sabio hace la siguiente advertencia:

> Oye, hijo mío, y sé sabio,
> Y endereza tu corazón al camino
> (Proverbios 23:19).

La búsqueda del carácter maduro requiere que ciertas cosas sean guardadas *dentro* del corazón mientras que otras deben permanecer *fuera* de él. Un corazón descuidado invita al desastre. Un corazón bien guardado significa supervivencia. Si tú quieres sobrevivir en la jungla, superando cada ataque traicionero, tendrás que guardar tu corazón.

Las siguientes páginas te animarán a hacerlo.

---

3. "Terror on Side of a Steep Slope-Eyeball-to-Eyeball with a Rattler" (Terror en una empinada pendiente-Frente a frente con una serpiente cascabel), *Los Angeles Times,* 4 de noviembre de 1984.

Blancos de tentación

Fortuna. Fama. Poder. Placer. Cuando se trata de tentaciones, éstos son los grandes nombres.
No es que no haya otros peligros; los hay. Pero estos cuatro representan los eslabones más débiles de nuestra cadena de resistencia . . . los huecos más visibles en nuestra armadura. Si el enemigo de nuestra alma quiere lanzar uno de sus "misiles flameantes" hacia un área que sufrirá el mayor impacto, tiene cuatro blancos principales entre los cuales escoger.
FORTUNA. Dinero, dinero, dinero. Aquello que tiene precio. Bienes materiales. Cosas tangibles. ¿Y detrás de todo eso? El deseo de poseer, de amontonar riquezas; admitámoslo, de *aparentar* la riqueza. Es ese deseo arraigado de impresionar a los otros además de la irritación de esa milenaria comezón que pide cada vez más. Siempre más. Lo suficiente nunca es lo suficiente. El contentamiento no llega nunca.
Todo esto parece ser tan claro cuando se lo ve escrito en un papel. Llamémoslo codicia, lisa y llanamente . . . es fácil analizarlo en este momento objetivo; es obvio. Pero, de alguna manera, cuando entramos al agua y empezamos a nadar, nos encontramos con esa corriente (tan sutil al comienzo) que nos rodea y nos tira. En poco tiempo nos arrastra, lanzándonos a las cataratas, casi fuera de control. Zafarse y trazar un curso alternativo (nunca sutil, nunca fácil) requiere nada menos que el poder del Dios Todopoderoso. Nadie ha resistido la avaricia sin una lucha tanto implacable como feroz. La diosa Fortuna muere lenta y dolorosamente.
FAMA. Esto es el deseo de ser popular. De estar "adentro". De ser querido. En realidad, es más que eso. Es la necesidad de ser conocido, de hacerse un nombre. Incluye tomar las posicio-

nes ventajosas, dar la mano a las personas correctas, palmear las espaldas correctas, estar en los lugares correctos... manipular y maniobrar hábilmente. Y a través de todo está la preocupación tácita con una oculta agenda egocéntrica: Poner el nombre allá arriba en las luces. La inseguridad que esto revela oscila en algún punto entre lo patético y lo nauseabundo.

No me malinterpretes. Para algunos, la fama llega por sorpresa. No es más que el producto secundario de un trabajo bien hecho, libre de estratagemas. Algunos se ven puestos en el centro del escenario muy lejos de su propio deseo, sin ningún interés en ser conocidos. No hay problema; mientras sigan examinando sus motivaciones y manteniendo su equilibrio. La fama puede hacer subir los humos a la cabeza. Como dijo un chistoso: "La fama, como la flama, es inofensiva hasta que se la empieza a inhalar".[4] Las personas que la manejan bien no se olvidan lo inmerecedoras que son. Con frecuencia sus raíces pueden ser rastreadas hasta los orígenes más humildes, como la famosa contralto negra, Marian Anderson, que aseveró que el momento más grande de su vida fue aquel en el cual pudo ir a su casa y anunciarle a su madre que ya no tendría que hacer más trabajo de lavandera.

PODER. Aquellos que buscan el poder quieren controlar, regir las vidas ajenas. Quieren asumir el mando y hacer las cosas a su manera. Manipulan y manejan las cosas de tal modo que puedan estar en una posición de autoridad para mantener a raya a los demás. Aunque algunos logran hacerlo como maestros del engaño, escondiendo la realidad detrás de máscaras sonrientes y palabras piadosas, su estilo tiránico se hace evidente cuando aquellos que deben seguirlos no lo hacen, sino que ejercen una saludable y creativa independencia. "¡Anatema!" exclama el dictador. Cruje el látigo. Los sedientos de poder tienen poca tolerancia hacia aquellos que piensan por sí mismos y expresan su parecer.

Por algún motivo, las filas religiosas están atiborradas con personas que han cedido ante esta tentación en particular. Basta con darle a cierta gente suficiente autoridad para dirigir, una Biblia para citar, y la necesidad de triunfar para pensar que el César ha sido reencarnado. No es ninguna sorpresa que Pedro, dirigiéndose a los pastores del rebaño de Dios, haya advertido que ejerzan su autoridad "no como teniendo señorío sobre los que están a vuestro cuidado" (1 Pedro 5:3). Líderes enfermos de poder han dejado atrás más ovejas maltratadas de lo que nos podamos imaginar. Y lo trágico de esta situación es que las ovejas maltratadas no se reproducen y rara vez llegan a recuperarse.

PLACER. "Si te gusta..." Puedes imaginarte el resto. El placer, tal vez nuestro punto de tentación más vulnerable, representa el deseo de estar satisfechos sensualmente a cualquier precio. Puede ser tan inofensivo como un entretenimiento o tan sórdido como un encuentro sexual ilícito. El punto a tratar no es el hecho en sí sino la actitud. "Quiero lo que quiero cuando lo quiero. Voy a ser feliz, necesito sentirme realizado, voy a satisfacer mis deseos,... ¡cueste lo que cueste!"

No; nunca lo decimos tan abiertamente. Pero es ése el nivel de intensidad en el cual se persigue el placer sensual. Y al hacerlo racionalizamos las Escrituras, bajamos nuestras normas morales, ignoramos los llamados de nuestra conciencia, convenciéndonos que no sólo está bien sino que es necesario. Y si de algún modo la visión de un Dios santo interrumpe nuestra diversión, tenemos formas de ignorarlo a él también. Pablo presenta a tales personas como "necias":

> Pues habiendo conocido a Dios, no le glorificaron como a Dios, ni le dieron gracias, sino que se envanecieron en sus razonamientos, y su necio corazón fue entenebrecido. Profesando ser sabios, se hicieron necios (Romanos 1:21, 22).

Fortuna. Fama. Poder. Placer. Cuando se trata de tentaciones, éstos son los gigantes. Al resistir cada una, abiertamente, cultivamos en lo profundo de nuestro ser el carácter maduro. Mantén los ojos abiertos y el escudo pronto. La batalla ya se está librando. No puedes confiar en un cese de fuego de Satanás.

> Sobre todo, tomad el escudo de la fe, con que podáis apagar todos los dardos de fuego del maligno (Efesios 6:16).

Blancos de tentación

La búsqueda de hoy

El apóstol Juan escribe palabras fuertes en 1 Juan 5:19: "El mundo entero está bajo el maligno." Y después advierte: "Hijitos, guardaos de los ídolos." Idolos como la fortuna, la fama, el poder y el placer. Esa es una de las razones por las cuales los momentos de tranquilidad con el Señor son tan valiosos. Para enfocar con nitidez. Para corregir la visión. Para encender nuestra alabanza. Para reorientar nuestras prioridades. Para quitar nuestra atención de las cosas terrenales y ponerla en las cosas eternales.

Lee 1 Juan 5.

---

4. O. A. Batisti en *Quote Unquote* (Abro comillas-cierro comillas), ed. Lloyd Cory (Wheaton, Ill.: Victor Books, 1977), pág. 112.

Exito verdadero

No lo dicen todo, pero lo que sí dicen es bueno. Me refiero a las reflexiones de Ralph Waldo Emerson acerca del éxito.

¿Cómo se mide el éxito?
Reírse seguido y mucho;
Ganarse el respeto de gente inteligente
   y el afecto de los niños;
Merecer el aprecio de críticos honestos
   y soportar la traición de falsos amigos;
Apreciar la belleza;
Encontrar lo mejor de los demás;
Dejar el mundo un poco mejor
   ya sea por un niño saludable,
   una condición social redimida,
   o un trabajo bien hecho;
Saber que aunque sea una sola vida más ha respirado
   porque tú viviste—
   esto es haber triunfado.[5]

Estoy impresionado. Aprecio lo que *no* se ha mencionado tanto como lo que ha sido mencionado. Emerson no hace ni una sola referencia al dinero, a la posición o a la fama. No dice nada del poder sobre otros tampoco. Ni de las posesiones. Ni de una autoimagen intimidante. Ni de un énfasis sobre tamaños, números, estadísticas y otras cosas visibles pero no esenciales a la luz de la eternidad.

Vuelve a leer sus palabras. A lo mejor perdiste algo la primera vuelta. Presta más atención a los verbos esta vez: "reír... ganar... merecer... soportar... apreciar... encontrar... dejar... saber..." Y a través de todo, el énfasis

Exito verdadero

principal está fuera de nosotros, ¿verdad? Para mí esa es la parte más refrescante de todas. También es la parte menos común dentro de la literatura exitista.

Al abrirme paso en medio de toda la propaganda exitista de hoy, noto que vez tras vez el enfoque está sobre el ser exterior —sobre lo inteligente que puedo aparentar, sobre cuán buena impresión puedo causar, sobre cuánto puedo poseer o cuánto puedo controlar o cuán rápidamente puedo subir escalafones o . . . o . . . o. Nada de lo que leo —y quiero decir *nada*— pone énfasis en el corazón, el ser interior, el semillero de nuestros pensamientos, motivos, decisiones. Nada, es decir, excepto las Escrituras.

Es de interés notar que la Biblia dice poco acerca del éxito, pero dice mucho acerca del corazón, el lugar donde se origina el verdadero éxito. No es de sorprenderse que Salomón desafíe a sus lectores:

> Sobre toda cosa guardada, guarda tu corazón;
> Porque de él mana la vida (Proverbios 4:23).

Así es —*guárdalo*. Pon un centinela. Vigílalo cuidadosamente. Protégelo. Préstale atención. Mantenlo limpio. Quita los escombros. Recuerda que es allí donde lo malo puede esconderse fácilmente.

> Porque de dentro, del corazón de los hombres, salen los malos pensamientos, los adulterios, las fornicaciones, los homicidios, los hurtos, las avaricias, las maldades, el engaño, la lascivia, la envidia, la maledicencia, la soberbia, la insensatez (Marcos 7:21, 22).

¿Te das cuenta? Son todas las cosas que finalmente salen a la superficie una vez que estamos intoxicados por el dulce y arrebatador perfume del éxito, haciendo que el manantial de la vida rebalse. ¡Cuán importante es el corazón! Es ahí donde se forma el carácter. Sólo él guarda los secretos del verdadero éxito. Sus tesoros no tienen precio —pero pueden ser robados.

¿Lo estás guardando? Sé honesto; ¿lo estás haciendo? Las

feas y venenosas raíces del pecado encuentran alimento en lo profundo de nuestro corazón. Aunque nuestra apariencia, nuestro hablar, aun nuestra ropa parezcan reflejar el éxito, nuestro corazón puede estar a la deriva. Es posible que en privado se esté erosionando a causa de las mismas cosas que nuestros labios están condenando. Eso se llama fingir. Un término más fuerte es hipocresía... y la gente de éxito puede hacer eso muy bien. Tengo que agradecerle al fallecido Joseph Bayly lo siguiente:

> Jesús advirtió a sus discípulos que debemos cuidarnos de la hipocresía —de fingir ser algo que no somos, de actuar con una máscara sobre la cara. La hipocresía es un terrible síntoma de problemas en el corazón —sólo falta el día de delación. Como dijo John Milton en *El paraíso perdido,* "Ni los hombres ni los ángeles pueden discernir la hipocresía, el único mal que camina invisible —excepto a los ojos de Dios".[6]

Los pensamientos de Emerson en cuanto al éxito son profundos y bien merecen ser aprendidos de memoria. Pero hace falta agregar este asunto del corazón. Guardarlo es esencial, no optativo. Hacerlo no es algo natural. Requiere honestidad. Exige pureza...

Los éxitos fácilmente pueden convertirse en fracasos. Basta con bajar la guardia.

===== *La búsqueda de hoy* =====

Ser como Cristo. Esa es nuestra meta, lisa y llanamente. Suena como un objetivo pacífico, relajante, fácil. Pero detente y piensa. El aprendió la obediencia a través de las cosas que sufrió. Nosotros también. El soportó todo tipo de tentaciones. También nosotros debemos hacerlo. Ser como Cristo es nuestra meta. Pero no es ni fácil ni rápido ni natural. Es imposible en la carne, lento en llegar y sobrenatural en su alcance. Sólo Cristo puede lograrlo en nosotros.

Lee Marcos 7:1-23.

---

5. Ralph Waldo Emerson, poema citado en *Freedom for Ministry* (Libertad para el ministerio) por Richard Neuhaus (San Francisco: Harper & Row, 1956), pág. 90.

6. Tomado de un discurso no publicado del Dr. Joseph Bayly, titulado "Guarding Our Hearts" (Guardemos nuestros corazones). Presentado en Wheaton, Ill., en abril de 1986. Usado con permiso.

Entumecimiento colectivo

Dime, ¿dónde estabas la mañana del 16 de marzo de 1968? Yo tampoco me acuerdo. Pero hay un grupo de hombres que no lo puede olvidar. Aunque nunca volverán a estar juntos, aquélla será una mañana que nunca olvidarán. Los muchachos tenían una misión difícil... una de esas misiones para localizar y destruir. Formaban un elemento de ataque del *Grupo de Ataque Barker,* asignado para entrar a un grupo de aldeas conocidas colectivamente como MyLai en la provincia de Quang Ngai en Vietnam del Sur. En general, los integrantes no habían tenido más que un escaso entrenamiento y no tenían experiencia en batalla. No habían conseguido ningún éxito militar durante todo el mes previo a MyLai. Aunque no habían luchado contra el Vietcong en batalla abierta, habían sufrido varias bajas desmoralizadoras debido a minas terrestres y trampas cazabobos. Si a esto se le agrega alimentación inadecuada, densas nubes de insectos, calor agobiante, lluvia y humedad selváticas y falta de sueño se obtienen los ingredientes de la locura. Tampoco mejoraba las cosas la confusión en cuanto a la identidad del enemigo. Vietnamitas y Vietcong eran indistinguibles. Como casi nadie usaba uniforme era más que difícil distinguir entre combatientes y no combatientes. Más que difícil, era *imposible.*

Examinando los hechos a la distancia del tiempo desde 1968, con la calma objetividad provista por el tiempo y la historia, no es ninguna exageración afirmar que lo mejor que se puede decir de las indicaciones dadas tanto a los conscriptos como a los suboficiales la noche anterior al ataque es que fueron incompletas y ambiguas. Se suponía que todas las tropas estaban familiarizadas con el tratado de Ginebra, que establece que es un crimen dañar a cualquier no combatiente (o aun combatiente) que ha dejado las armas por heridas o enfermedad. Es probable que parte de las tropas no estuvieran familiarizadas con la "Ley de guerra terrestre" del *Manual de Combate del Ejército de los Estados Unidos,* la cual especifica que las órdenes que violan el Tratado de Ginebra son ilegales y no deben ser obedecidas. Punto.

Cuando la Compañía "Charley" entró nerviosamente a la región de MyLai esa mañana, no descubrió ni un solo combatiente. Nadie estaba armado. Nadie le disparó. Sólo había mujeres, niños y ancianos desarmados.

Las cosas que sucedieron a partir de ese momento no son del todo claras. Nadie puede reproducir el orden exacto de los acontecimientos, pero tampoco puede negar los trágicos resultados: entre quinientos y seiscientos vietnamitas fueron muertos en diversas maneras. En algunos casos, las tropas se estacionaron frente a la puerta de una choza y la regaron con fuego automático y semiautomático, matando a todos los que estaban adentro. Otros fueron baleados al tratar de escapar, algunos con bebés en brazos. La matanza más grande ocurrió en la aldea de MyLai 4, donde el primer pelotón de la Compañía "Charley", bajo el mando de un joven teniente llamado William L. Calley, Jr., juntó a los aldeanos en grupos de veinte a cuarenta o más y los liquidó con fuego de rifles, ametralladoras y/o granadas.

La matanza duró mucho tiempo —toda la mañana. Sólo se puede estimar el número de soldados involucrados. Tal vez no más de cincuenta hayan tirado del gatillo o arrojado granadas, pero es bastante certero decir que unos doscientos fueron testigos directos de la masacre. Podríamos suponer que a la semana por lo menos quinientos hombres del *Grupo de Ataque Barker* sabían que se habían perpetrado crímenes de guerra. Eventualmente se elevaron cargos en contra de veinticinco hombres, de los cuales sólo seis llegaron a juicio. Al final sólo uno fue condenado, el Teniente Calley... aunque en realidad muchos fueron culpables. Es de recordarse que dejar de informar acerca de un crimen es un crimen en sí mismo. Adivina cuántas personas del *Grupo de Ataque Barker* intentaron informar dentro del siguiente año de la matanza. Ni una.

El hecho de que el público americano se haya enterado

acerca de MyLai se debe pura y exclusivamente a una carta que Ron Ridenhour escribió a varios legisladores tres meses después de volver a la vida civil a fines de marzo de 1969... más de un año después de la masacre. Basta con el 16 de marzo de 1968. Ocurrió. Se acabó. No es mi deseo erigirme en juez y jurado, señalando el dedo de la culpabilidad hacia algunos más de aquellos soldados tratando de sobrevivir al borde del precipicio. Esos hombres no necesitan más condenación (francamente, los admiro por haber estado allí en primer lugar, tratando de cumplir con su deber), pero todos podemos sacar provecho de una breve evaluación.

Para mí, MyLai es una ilustración clásica de lo que un profesional ha denominado "entumecimiento psíquico" y que ocurre frecuentemente dentro de un grupo... una especie de autoanestesia emocional. En situaciones en las cuales nuestros sentimientos emocionales son abrumadoramente dolorosos o desagradables, el grupo ayuda a la capacidad de anestesiarnos los unos a los otros. Esta capacidad se fortalece grandemente al encontrarse en medio de muchos que hacen la misma cosa. En vez de pensar claramente, pesando lo bueno y lo malo de un hecho, se nos hace posible —aun fácil— pasar la responsabilidad moral a alguna otra parte del grupo. De esta manera, no sólo el individuo abandona su conciencia, sino que la conciencia del grupo total se fragmenta y diluye de tal modo que casi desaparece. El doctor Scott Peck describe el proceso vívidamente en su libro *People of the Lie* (El pueblo de la mentira): "Es una cosa muy simple... lo horrible se convierte en lo normal y perdemos nuestro sentido del horror. Sencillamente cambiamos de frecuencia."[7]

Eso explica por qué es tan potencialmente peligrosa la presión de otros en el grupo. Es una motivación principal para la experimentación con drogas o la promiscuidad sexual o la entrega completa a algún culto o la cooperación con algún esquema financiero ilegal. Las burlas y los gritos de la mayoría tienen el poder de intimidar la integridad. Y si les puede pasar a soldados en el sudeste de Asia, con toda seguridad nos puede pasar a personas como tú y yo. ¡Así que ponte en guardia! Llegado el momento, piensa independientemente. Piensa bíblicamente. Haz todo lo posible para seguir tu cabeza en lugar de tus emociones. Si no logras hacerlo, perderás tu compás ético en algún punto entre el deseo de ser aceptado y el deseo de hacer lo correcto.

"No erréis", advierte el Apóstol que frecuentemente se encontró a solas, "las malas conversaciones corrompen las buenas costumbres" (1 Corintios 15:33). El entumecimiento colectivo puede rondar casi indefinidamente en un esquema malvado y sin conciencia.

¿Cuestionas esto? Considera Jonestown. O Watergate. O los experimentos con drogas conducidos por la CIA. O el Holocausto. O la Inquisición. O el grupo que gritó, "¡Crucifícale!" Dime, ¿algún grupo te está entumeciendo a ti?

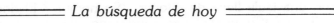

La búsqueda de hoy

En un mundo veloz e impersonal en el cual nos sentimos más un número que una persona, es fácil creer que nuestra relación vertical es semejante. Caras sin nombres ante un Dios ocupado; gente ocupada en actividades inútiles, sin sentido. No es así. La Palabra de Dios nos asegura una identidad y nos promete que nuestra vida tiene orden, razón y propósito. Vivamos hoy con esa confianza reconfortante . . . Dios sabe lo que está haciendo.

Lee Josué 23:1-16; 24:14, 15.

---

7. M. Scott Peck, *People of the Lie* (El pueblo de la mentira) (New York: Simon & Schuster, 1983), pág. 221.

Un asesino enjaulado

Sucedió hace muchos años. Un investigador en psicología en el Instituto Nacional de Salud Mental estaba convencido de que podía probar su teoría con una jaula llena de ratones. ¿Su nombre? El doctor John Calhoun. ¿Su teoría? Las condiciones de la superpoblación hacen grandes estragos en la humanidad.

El doctor Calhoun construyó una jaula de aproximadamente tres metros cuadrados para ratones seleccionados. Los observó muy de cerca a medida que crecía la población. Comenzó con ocho ratones. La jaula estaba diseñada para alojar con comodidad una población de 160. Sin embargo, permitió que la población de ratones creciera a 2.200.

No se les privó de ninguna necesidad vital, excepto la privacidad —nada de espacio ni de tiempo para estar solos. La comida, el agua y los demás recursos siempre estaban limpios y en abundancia. Se mantenía una temperatura agradable. No había enfermedad. Se eliminaron todos los factores de mortandad (menos la vejez). La jaula, aparte de sus condiciones superpobladas, era ideal para los ratones. La población llegó a su pico de 2.200 después de unos dos años y medio. Ya que no había forma física de que los ratones escaparan de su ambiente cerrado, el doctor Calhoun estaba especialmente interesado en la forma en que se manejarían en aquella jaula superpoblada.

Fue interesante notar que cuando la población alcanzó su pico, la colonia de ratones se empezó a desintegrar. Comenzaron a ocurrir cosas extrañas. El doctor Calhoun hizo las siguientes observaciones:

Un asesino enjaulado

* Los adultos formaban grupos naturales de alrededor de una docena de ratones individuales.
* En cada grupo cada ratón adulto cumplía un determinado papel social... pero no habían papeles para asignarles a los ratones jóvenes y sanos, lo cual revolucionó toda la sociedad.
* Los machos que habían protegido su territorio abandonaron el liderazgo.
* Las hembras se volvieron agresivas y echaban a las crías... aun las propias.
* Los jóvenes se dedicaron a la autoindulgencia. Comían, bebían, dormían, se aseaban pero no demostraban la agresión normal y, lo que es muy significativo, no llegaban a reproducirse.

Después de cinco años, *no quedaba ni un ratón con vida*. Esto ocurrió a pesar de que hasta el último momento había abundancia de alimento y agua y una ausencia total de enfermedad. Después de que el investigador hubo informado acerca de su experimento, surgieron un par de preguntas significativas.

P: "¿Cuáles actividades cesaron primero?"
R: "Las actividades más complejas para los ratones: el cortejo y el apareamiento"
P: "¿Qué resultados arrojaría una superpoblación semejante entre los seres humanos?"
R: "Primero dejaríamos de reproducir nuestras ideas, y junto con las ideas, nuestras metas e ideales. En otras palabras, perderíamos nuestros valores."[8]

Debo confesar que me siento un poco obsesionado por ese experimento.
Lo sé. Lo sé. No somos ratones. Y no estamos enjaulados. Y no estamos tan superpoblados; ¡aunque a veces pareciera que nos estamos acercando a ese punto en ciertos lugares!
De todos modos, el experimento conlleva varias analogías dignas de consideración. Revisa esa lista de observaciones y saca

tus propias conclusiones. No pierdas un par de comentarios del doctor Calhoun —uno es una observación y el otro una opinión. *La Observación:* "Los jóvenes... no llegaban a reproducirse." *La Opinión:* "... perderíamos nuestros valores".

Aunque nos hemos hecho la promesa a nosotros mismos y a Dios de que este año sería diferente, muchos de nosotros seguimos luchando con el obcecado pulpo de la ocupación. Continuamente encontramos que estamos empujando demasiado, yendo demasiado rápido, tratando de hacer demasiado. ¿Tengo razón? La "tiranía de lo urgente" nos ha envuelto con sus poderosos tentáculos otra vez más, ¿verdad? Aunque sabes que el secreto de conocer a Dios requiere "estar quietos" (Salmo 46:10 —el hebreo dice: *Deja de luchar —suéltate, relájate),* ya has empezado a racionalizar tus actividades. Al hacerlo, has pospuesto la búsqueda del carácter maduro.

¿Te das cuenta de los peligros de una vida sin privacidad? ¿Te das cuenta de que la falta de un tiempo para estar solo marca el inicio de la desintegración espiritual? Le pediré prestadas palabras a Gordon MacDonald: "la ordenación de tu mundo privado" se pierde en el trajín diario.

¿Que no es gran cosa? ¿Que no hay problema? ¡No estés tan seguro! Aprende una singular lección de los ratones enjaulados. El mismo asesino está suelto... no la falta de alimento y agua, no la falta de salud y actividad, sino la falta de tiempo a solas con Dios, lejos de la multitud. Sigue con la agenda sobrecargada y tus hijos tampoco reproducirán las cualidades por las cuales vale la pena vivir... y tú mismo perderás los valores por los cuales vale la pena morir.

Recuerda lo que pasó hace muchos años. Ni una sola criatura sobrevivió aquellas condiciones de superpoblación; sin embargo, su lección nos habla fuerte y claramente en este mismo instante.

Estos son los ratones que rugieron.

Un asesino enjaulado

=========== La búsqueda de hoy ===========

Ser usados por Dios. ¿Hay algo más alentador y más satisfactorio? Tal vez no, pero hay algo más básico: encontrarse con Dios. Dejarse estar en su presencia, obviar el ruido de la ciudad y, en quietud, darle la alabanza que merece. Antes de entrar en su obra, encontrémonos con él en su Palabra... en oración... en adoración.

Lee el Salmo 143.

---

8. Ver Frank Sartwell, "The Small Satanic Worlds of John Calhoun" (Los pequeños mundos satánicos de John Calhoun), *Smithsonian Magazine*, abril 1970, pág. 68 y sigtes. y John Calhoun, "The Lemmings' Periodic Journeys Are Not Unique," (Los viajes periódicos de los ratones no son unicos), *Smithsonian Magazine*, enero, 1971, pág. 11. Usado con permiso.

El juicio de Dios

Fue el viejo predicador campesino Vance Havner quien dijo una vez que si Dios tratara con la gente de hoy de la misma manera en que lo hacía en la época de Ananías y Safira cada iglesia precisaría una morgue en el sótano.

Esa declaración hace sonreír a mucha gente. A mí no. Me hace pensar... y preguntarme por qué será así. En realidad, tengo varios "¿Por qués?" relacionados con el juicio de Dios. ¿Por qué no es más obvio su juicio en la vida de aquellos que consciente y deliberadamente desobedecen? ¿Por qué no reacciona veloz y severamente ya que se está calumniando su santidad y su reputación está en juego? ¿Por qué no cumple su promesa cada vez que resistimos devolver el mal por el mal... especialmente después de que repite tantas veces en las Escrituras que: "Mía es la venganza y la retribución" (Deuteronomio 32:35; Romanos 12:17-19; Hebreos 10:30)?

La referencia en Hebreos aun concluye: "El Señor juzgará a su pueblo." Lo siento si sueno cruelmente severo, pero mi preocupación es ¿cuándo? ¿Dónde están los ejemplos tipo Ananías y Safira hoy en día cuando un cristiano engaña a otro? ¿Por qué será que no hay más entre nosotros que estemos débiles y enfermos... y por qué no hay más que nos muramos (¡!) como lo hicieron aquellos de la congregación corintia cuando dejaron de tomar a Dios en serio? (1 Corintios 11:30). Si Ananías y Safira no lograron que el Señor les perdonara ni un solitario acto de hipocresía, ¿cómo puede ser que hoy algunos puedan mentir, engañar, robar y ser promiscuos, y después sigan adelante como si no hubiera pasado nada? Y ya que estamos en esto, si 1 Corintios 5:11 es realmente parte de las Escrituras, ¿qué nos hace ser tan reacios a *cumplir* con lo que dice?

El juicio de Dios

Más bien os escribí que no os juntéis con ninguno que, llamándose hermano, fuere fornicario, o avaro, o idólatra, o maldiciente, o borracho, o ladrón; con el tal ni aun comáis.

Así es; ésta es una cita directa... en contexto... correctamente traducida del texto griego. Lo verifiqué. Si tiene algún significado es el siguiente: el aislamiento es una de las consecuencias cuando el creyente adopta un estilo de vida no bíblico. Tomado literalmente, eso significa que *todo aquel* que nombra el nombre de Cristo debiera rehusarse a mitigar la soledad del cristiano carnal. Hasta los familiares deben cooperar con el aislamiento divinamente ordenado hasta que haya arrepentimiento.

La implicación de Pablo es la siguiente (en contradicción a la opinión popular): La negativa a asociarse o comer con aquellos que viven una vida comprometida, irresponsable e inmoral hace que se cumpla el juicio de Dios —la venganza divina. ¡Podemos contar con ello! Ah, pero *ahí* está la cosa. Pareciera que muchas veces no sucediera así. Puedo nombrar caso tras caso en los cuales nunca se cumplió el juicio de Dios. Y francamente, estoy luchando con ello. Si él es santo (y sé que lo es) y si odia el pecado (sé que lo hace) y si es celoso de que su iglesia sea una esposa pura (sí, eso también es verdad), *¿dónde están las pruebas?* Para ser dolorosamente específico, ¿por qué puede un cristiano tras otro abandonar su matrimonio prácticamente sin rastro de la venganza divina? ¿Cómo puede ser que creyentes decidan que un estilo de vida homosexual es aceptable y lo empiecen a practicar sin sufrir un juicio similar al de los sodomitas que vivían en las antiguas ciudades gemelas de Sodoma y Gomorra? ¿Era un error entonces pero está bien ahora?

Conozco la respuesta celestial a esas preguntas, pero ¿dónde están las pruebas terrenales? Sin duda Dios sabe que la ausencia de disciplina divina se está usando en contra de él. Y eso me enoja. Y me pone triste. Y me confunde un poco. Especialmente cuando estoy tratando la infidelidad matrimonial y el cónyuge fiel (que hizo todo lo posible para que el matrimonio funcionara) me mira y me pregunta con toda sinceridad: "¿Por qué permitió el Señor que mi compañero se saliera con la suya?"

El Señor nos deja a muchos con la incógnita, no solamente a aquellos que están tratando de juntar los pedazos de su vida. Estoy de acuerdo de todo corazón con el salmista cuando dice: "Tiempo es de actuar, oh Jehová, porque han invalidado tu ley" (Salmo 119:126). Creo que si él obrara tan decisivamente como lo hizo con tanta frecuencia en los tiempos bíblicos, la cristiandad se vería inundada de cambios maravillosos. Su pueblo volvería a sentir un sano temor del Señor a medida que volviera el respeto por su santo Nombre. Se haría evidente entre nosotros un caminar obediente. Aun más, los hogares se verían fortalecidos por una determinación renovada para cumplir los votos matrimoniales. Y una esposa más pura, con un carácter genuino y sin precio, aguardaría la llegada de su esposo.

¿No es hora de orar más atrevida y fervientemente? ¿No es apropiado que nos basemos firmemente en la advertencia de Pedro: "Porque es tiempo de que el juicio comience por la casa de Dios..."? (1 Pedro 4:17.) A mí me parece que sí. Es más, creo que tenemos toda la razón en pedirle a nuestro Señor que obre de una forma tan veloz, significativa y aun severa que llame la atención a todo el mundo, incluyendo a aquellos que en este momento están jugando con la idea de alejarse.

Leí en estos días acerca de una pareja (llamémosles Carlos y Clara) cuyo matrimonio de veinticinco años era bueno. No el más idílico, pero bueno. Tenían tres hijos grandes que los querían mucho. También tenían la bendición de una seguridad económica que les permitía soñar acerca de jubilarse en una casa a la orilla de un hermoso lago. Empezaron a buscarla. Un viudo, que llamaremos Jorge, quería vender su casa. Les gustó mucho y volvieron a casa para hablar y hacer planes. Pasaron meses.

El otoño pasado, de la nada, Clara le dijo a Carlos que quería el divorcio. El quedó helado. Después de todos estos años, ¿por qué? ¿Y cómo lo pudo engañar... cómo pudo haber tramado todo esto mientras estaban buscando un lugar en el cual jubilarse juntos? Ella dijo que no había sido así. En realidad, ésta era una decisión reciente ahora que había encontrado a otro hombre. ¿Quién? Clara admitió que era Jorge, el dueño de la casa sobre el lago, con el cual se encontró por casualidad varias semanas después de haber hablado con él por la venta de la casa. Se habían comenzado a ver. Como ahora estaban

El juicio de Dios

"enamorados" no había más remedio que seguir adelante. Ni siquiera los hijos, que se oponían totalmente, pudieron disuadir a su madre.

El día en que la esposa debía partir, Carlos cruzó la cocina rumbo al garaje. Dándose cuenta que ella ya no estaría cuando volviera, se detuvo un instante y dijo: "Bueno, querida, supongo que ésta es la última vez—". Su voz se disolvió en llanto. Ella se sintió incómoda, juntó sus cosas rápidamente y viajó al norte a encontrarse con Jorge. Menos de dos semanas después de empezar a vivir con Jorge, su nuevo amor, éste sufrió un ataque cardíaco. Duró unas pocas horas... y luego murió.

Es hora de que obre nuestro santo Dios. Sí, así de significativamente.

La búsqueda de hoy

Es difícil encontrar muchas fuentes de ánimo y felicidad en un mundo depravado. Mira a tu alrededor. El panorama es desagradable y hasta desolador. La corrupción, la opresión, la infidelidad, la injusticia y la rivalidad nos acechan desde cada esquina, creando el desaliento y el temor. Todo esto está "alrededor" nuestro... debajo del sol... pero nunca "encima" de nosotros. Que Dios nos dé ojos para ver a través de nuestras circunstancias y oídos para sentir el aliento de su voz a través de las grietas que encontramos en este camino llamado la vida. Al buscarlo hoy, que un nuevo entendimiento nos brinde nuevo aliento, sonido y felicidad. No pierdas las señales. Escucha atentamente.

Lee Hebreos 12.

Felpudos

Siento verdadera compasión por aquellos que pasan la vida como perros atemorizados. Tú también los has visto. Son encorvados, tímidos, vacilantes y temerosos. Parece que llevaran el peso del mundo entero en sus hombros. Pueden ser personas amables y talentosas pero su incapacidad de proyectar el más mínimo grado de confianza hace que su competencia sea un profundo secreto.

David Seamands escribe acerca de un hombre así:

> . . . Ben era una de las almas más tímidas que me haya tocado aconsejar. Ni siquiera lo podía oír. "¿Qué dijiste, Ben?" Empezamos a practicar para fortalecer la voz de Ben. Yo le hacía leer cosas. "Un poco más fuerte, Ben. Impónte. ¡Habla fuerte!" Tenía miedo de ser una carga para los demás. Hacía que fuera incómodo estar con él. Podría llevar colgado un cartel que dijera: "Perdónenme por existir".
>
> ¿Sabía que en los Estados Unidos existe una organización llamada "La Orden Dependiente de las Almas Verdaderamente Mansas y Tímidas"? Sus siglas forman el equivalente de la palabra "felpudos". Los Felpudos tienen un emblema oficial —una luz amarilla. Su lema oficial es: "Los mansos heredarán la tierra, si los demás están de acuerdo". La sociedad fue fundada por Upton Dickson, el cual escribió un tratado llamado *Cower Power* (El poder de la cobardía). Ben podría haber sido miembro fundador de Los Felpudos.[9]

El doctor Seamands continúa con la descripción del arduo proceso al cual se sometió Ben para vencer su abatido estilo de vida. Gracias a un extenso período con varios amigos comprensivos y positivos, el joven pudo descargar su historia, la cual incluía una serie de recuerdos dolorosos. Tal vez el más difícil de todos era el sentimiento de que él había sido la causa de la depresión nerviosa de su madre . . . de que ella fuera una inválida emocional. Aunque cueste creerlo, se le había dicho esto a Ben cuando era un joven adolescente. Sin estar consciente de ello, estaba viviendo bajo una enorme carga de culpa a raíz de esa cruel e injusta acusación. Cuando finalmente pudo forzarse a declarar su angustia, Ben sollozó liberado. Dentro de un período relativamente corto, esa carga gigante cayó de sus hombros y pudo dar fin a la penitencia interior con la cual había vivido por tantos años.

¡Cuánto dolor, cuánto daño pueden causar comentarios sueltos! Nuestra lengua descuidada puede poner pensamientos con gérmenes de dolor, humillación y odio en mentes tiernas, y con el tiempo estos gérmenes pueden supurar hasta llegar a ser infecciones maduras que propagan enfermedad en toda una personalidad adulta. Al tener poca consideración por la vulnerabilidad de otra persona, tenemos el poder de iniciar un violento terremoto emocional con sólo hacer algunos comentarios que desgarran y rompen como proyectiles que explotan en su cabeza. El pronunciar palabras tan destructivas es como mandar 1.000 voltios por un cable de 220.

Pero la reacción sorprendente es una timidez desequilibrada en lugar de una furia abierta. No es que estén ausentes la ira y el resentimiento y el odio. ¡Al contrario! Es que todos esos sentimientos están sepultados bajo capas de timidez, mansedumbre y hasta de una piedad que suena espiritual. Es fácil ser engañados por Felpudos que han desarrollado maneras de enmascarar su dolor. . . especialmente cuando consideramos que los cristianos se sienten mucho más cómodos alrededor de personas del tipo sumiso y callado en vez del tipo sin pelos en la lengua.

Yo encuentro ayuda en los proverbios de Salomón. El menciona "lengua", "boca" y "palabras" casi 150 veces —casi cinco veces por capítulo. Vez tras vez nos exhorta a cuidar lo que decimos, cuándo lo decimos y cómo lo decimos. La ofensa y el bálsamo pueden venir de la misma garganta. Además, el sabio nos previene acerca de enmascarar la verdad . . . y pensar que la quietud siempre significa paz. Etc., etc., etc.

¿Puedo ofrecerte una sugerencia para tu búsqueda del carácter maduro durante el próximo mes? Proverbios tiene treinta y un capítulos. ¿Por qué no lees un capítulo por día? La sabiduría te espera; te lo aseguro.

¿Y quién sabe? Puede ser que podamos llegar a comprender que un perro acobardado puede ser un perro rabioso, listo para morder . . . y que las almas dependientes frecuentemente son almas enfermas que necesitan ser sanadas.

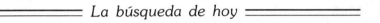

La búsqueda de hoy

Hebreos 12:1-3 habla del peso de los obstáculos que nos hacen tropezar, que bloquean nuestro camino. Piénsalo durante varios minutos. Indaga un poco. ¿Cuáles son tus obstáculos? ¿Cómo te han detenido? ¿Cuándo piensas eliminarlos? No hay mejor momento que éste . . . hoy mismo.

Lee Santiago 3.

---

9. David A. Seamands, *Healing for Damaged Emotions* (Sanidad para las emociones lastimadas) (Wheaton, Ill.: Victor Books, 1981), pág. 95.

Restauración

Cuando los doce volvieron de un arduo período de ministerio público, le informaron a Jesús acerca de todo lo que habían hecho y enseñado (Marcos 6:30). Pienso que es sumamente significativo el hecho de que nuestro Señor *no* les haya vuelto a poner en acción inmediatamente. Pensándolo bien, nunca leemos que el Señor haya "corrido" a ninguna parte.

El les dijo: Venid vosotros aparte a un lugar desierto, y descansad un poco. Porque eran muchos los que iban y venían, de manera que ni aun tenían tiempo para comer. Y se fueron solos en una barca a un lugar desierto (Marcos 6:31, 32).

La renovación y la restauración no son lujos; son cosas esenciales. Estar solo y descansar un rato no es ser egoísta; es ser como Cristo. Tomarse un día libre por semana o recompensarse con unas vacaciones relajantes y refrescantes no es carnal; es espiritual. No hay absolutamente nada de envidiable ni de espiritual en un infarto o en una crisis nerviosa, ni es necesariamente señal de una vida productiva un horario repleto. Debo recordarme frecuentemente del antiguo refrán griego que advierte que el arco que está siempre doblado se rompe.

Veamos . . . ¿cómo anda *tu* vida? Hagamos una breve evaluación. Detente lo suficiente como para repasar y reflexionar. Trata de ser honesto al contestar estas preguntas. Puede ser que duelan un poco.

* ¿Es realmente distinto mi ritmo este año comparado al del año pasado?
* ¿Estoy disfrutando de la mayor parte de mis actividades o sólo las estoy soportando?
* ¿He tomado deliberadamente un tiempo en varias ocasiones este año para mi restauración personal?
* ¿Como a las corridas o me tomo el tiempo para saborear y disfrutar la comida?
* ¿Me doy permiso para relajarme, tener tiempo libre, estar tranquilo?
* ¿Los demás pensarían que estoy trabajando demasiadas horas y/o viviendo bajo demasiada tensión? ¿Soy a veces aburridor y estoy frecuentemente preocupado?
* ¿Estoy en buen estado físico? ¿Considero que mi cuerpo es lo suficientemente importante como para darle una dieta nutritiva, ejercicio constante, descanso adecuado o como para perder esos kilitos de más?
* ¿Cómo anda mi sentido del humor?
* ¿Glorifica mi horario a Dios... o le estoy dando las sobras de mi energía?
* ¿Estoy peligrosamente cerca del agotamiento?

Difícil, ¿verdad? Sin embargo, ¿qué mejor momento que *ahora mismo* para evaluar... y si hace falta, para reestructurar un poco nuestra vida? Podemos aprender una lección de la naturaleza. Un período de descanso siempre le sigue a la siega; el suelo debe tener tiempo para renovarse. La producción constante sin la restauración agota los recursos y disminuye la calidad del producto.

Superlogradores y adictos al trabajo: ¡ojo! Si la lucecita roja en tu panel de controles interior está prendida, estás llevando una carga demasiado grande demasiado lejos demasiado rápido. Si no haces un alto, te vas a arrepentir... junto con todos aquellos que te quieren. Si tienes el valor suficiente para abandonar esa carrera alocada y hacer algunos cambios necesarios, demostrarás sabiduría. Pero debo advertirte de tres barreras que tendrás que enfrentar de inmediato.

En primer lugar, *un falso sentimiento de culpa.* Al decirle que no a la gente a la cual solías decirle que sí, sentirás espasmos de culpa. ¡Ignóralo! En segundo lugar, *hostilidad y falta de comprensión* de parte de los demás. La mayor parte de la gente no comprenderá tus nuevas decisiones ni tu ritmo desacelerado, especialmente aquella que está en el mismo error que has abandonado. No te hagas problema. Mantente firme. En tercer lugar, harás algunos *descubrimientos personales dolorosos.* Al no llenar cada momento con otra actividad más, pronto empezarás a verte como eres realmente y no te gustarán algunas de las cosas que observarás, cosas que una vez contaminaron tu vida tan ocupada. Pero dentro de un período de tiempo relativamente corto, superarás esta etapa y estarás en camino a una vida más feliz, más saludable, más libre y más realizada. Además, volverás a poner en perspectiva tu búsqueda del carácter maduro.

Es obvio que todo este asunto del descanso y de la renovación, de tomarse tiempo libre y relajarse, puede ser llevado a un extremo ridículo. Estoy muy consciente de ello. Pero por cada persona que llega a ese extremo de estancamiento hay miles que tienen una batalla mucho más grande con el agotamiento. Ninguno de los dos extremos es correcto —los dos están fuera de foco.

Mi deseo es que todos estemos en equilibrio. Con la mente sana. Con buena salud. Dentro de la voluntad de Dios.

¿Lo estás tú?

=========== *La búsqueda de hoy* ===========

Este momento de reflexión tranquila es lo que David tenía en mente al escribir acerca de "delicados pastos" y "aguas de reposo". ¡Bebe de la quietud! Demórate cuánto puedas en la presencia de tu amante Pastor. Su palabra te restaurará a medida que se hagan evidentes las "sendas de justicia". Aunque este día esté entenebrecido por el temor o la inseguridad, él *está* contigo . . . tan cerca como el latido de tu corazón o tu próximo respiro. ¡Cántale tu alabanza! La adoración de nuestro Dios unge nuestros días y hace rebosar las copas vacías.

Lee el Salmo 23.

Aquel día... este día

Imagina esta escena durante los próximos minutos:

> Pero el día del Señor vendrá como ladrón en la noche; en el cual los cielos pasarán con gran estruendo, y los elementos ardiendo serán deshechos, y la tierra y las obras que en ella hay serán quemadas. Puesto que todas estas cosas han de ser deshechas, ¡cómo no debéis vosotros andar en santa y piadosa manera de vivir, esperando y apresurándoos para la venida del día de Dios, en el cual los cielos, encendiéndose, serán deshechos, y los elementos, siendo quemados, se fundirán! (2 Pedro 3:10-12)

Da miedo eso de que pasarán los cielos y la destrucción astronómica y el intenso calor que resultará en la destrucción total del Planeta Tierra. Me hace pensar en *cómo* se hará. Siempre lo ha hecho. He oído las mismas cosas que tú acerca de ojivas superatómicas y misiles nucleares en la Tercera Guerra Mundial. Pero de algún modo eso nunca ha explicado cómo "los cielos pasarán" ni cómo la atmósfera y la estratosfera serán "deshechas".

Ya que eso resultaría en el "día del Señor", siempre he tenido mis dudas acerca de que él use las armas de los hombres para anunciar su llegada. Si leo estos versículos correctamente, describen una fuerza destructora tan fenomenal que nuestro arsenal de aparatos demoledores parece a comparación una

Aquél día... este día

bomba de juguete fabricada por niños con nueces y latas. ¡Es imposible de imaginar! Pero en mi lectura hace varios años, me encontré con una posible solución. Puede ser una pista de la forma en que el Señor piensa provocar esta explosión final.

El 9 de marzo de 1979 nueve satélites ubicados en diversos puntos del sistema solar registraron simultáneamente un extraño hecho en la profundidad del espacio. Era *la más potente explosión de energía jamás registrada*. Los astrónomos que estudiaron los hallazgos estaban pasmados, hablando entre dientes.

La explosión de radiación gamma sólo duró un décimo de segundo... pero en ese instante emitió la misma cantidad de energía que emite el sol en 3.000 años. Un astrofísico llamado Doyle Evans, que trabaja en los Laboratorios Científicos de Los Alamos en Nuevo México, dijo que la energía se estaba emitiendo a razón de cien mil millones de veces más que la emisión de energía del sol. Si la explosión de rayos gamma se hubiera llevado a cabo en la Vía Láctea, habría encendido toda nuestra atmósfera. Si el sol repentinamente emitiera la misma cantidad de energía, nuestro planeta se habría vaporizado. Instantáneamente.

Hay más. Los satélites pudieron ubicar el lugar de la explosión —un punto en una galaxia conocido como N-49, asociado con los restos de una supernova que se cree haber estallado hace unos diez mil años. Cuando una estrella estalla, transformándose en supernova, la capa exterior explota y el núcleo se condensa por su propia gravedad para crear una estrella neutrona. Ese núcleo se encoge desde un tamaño mayor que el del sol (1.376.000 kms. de diámetro) al de una pelota de no más de siete kms. de diámetro. Esas neutronas son tan increíblemente densas que unos 15 cms. cúbicos pesan nueve millones de millones de kilos. Muchos astrónomos creen que los estudios de los satélites abrirán el paso para un nuevo entendimiento de las estrellas neutronas y otros objetos en los cielos.

La atmósfera de la tierra había impedido que los astrónomos estudiaran la radiación gamma. Sólo ha sido en años recientes que una red de satélites equipados con detectores de rayos gamma les ha permitido a los científicos localizar las fuentes de estos rayos.

A pesar de lo ignorantes que podamos ser del aspecto técnico de todo esto, sugiero que puede echar algo de luz sobre la validez del comentario de Pedro. Por lo menos, en mi opinión, tiene mucho más sentido que las guerras atómicas. Probablemente se parecerá más al exponente máximo de *La guerra de las galaxias* —y yo no tengo ninguna intención de estar para el estreno.

Pero no pasemos por alto la punzante pregunta de Pedro en el versículo 11. Ante una ejecución inminente, el viejo pescador levanta su cara curtida y nos mira a través de los siglos. ¿Puedes sentir su mirada? ¿Puedes ver la preocupación trazada en las profundas marcas alrededor de sus ojos? ¿Puedes oír su voz áspera?

"Puesto que todas estas cosas han de ser deshechas, ¡cómo no debéis vosotros andar...!"

Ya que el mundo y todas sus obras habrán de disolverse en una explosión convulsiva, ¿qué tipo de vida deberíamos estar llevando en este mundo temporario? ¿Qué tipo de prioridades deberían moldear nuestros horarios? ¿Qué tipo de consideraciones deberían determinar nuestros pasos, guiar nuestras conversaciones y determinar nuestra dirección?

"¡Cómo no debéis vosotros andar!" Es cuestión de carácter.

Pedro contesta su propia pregunta al siguiente respiro:

> En santa y piadosa manera de vivir, esperando y apresurándoos para la venida del día de Dios (3:11, 12).

Aquel día, dice Pedro, debería tener un impacto sobre *este* día. Guarda tu corazón de cualquier cosa que pueda causarte vergüenza cuando llegue *aquel* día.

Aquél día... este día

La búsqueda de hoy

"Porque los ojos de Jehová contemplan toda la tierra, para mostrar su poder a favor de los que tienen corazón perfecto para con él" (2 Crónicas 16:9). Muchas cosas suceden cuando ponemos nuestro corazón a buscar a Dios, incluyendo la evaluación *personal*. ¿Es tu corazón "perfecto para con él"? Elige un lugar reservado e invita al Espíritu de Dios a entrar y conquistar nuevos territorios. Vuelca tus oraciones hoy hacia la rendición en lugar de la defensa. El "mostrará su poder a favor de" esa actitud. ¡Entrégate!

Lee 2 Pedro 3.

Animo constante

Santiago no le da vueltas al asunto. Va directamente al grano. De entrada nos advierte sobre el peligro del "doble ánimo". Nos dice que lleva a que uno sea "inconstante en todos sus caminos". Tambaleante. Contradictorio. El doble ánimo es una enfermedad común cuyas víctimas quedan paralizadas por la duda... temerosas, hipócritas, llenas de palabras teóricas pero faltas de acción confiada. Mucha charla pero poca garra. Insinceras e inseguras. Santiago vuelve a decirlo mejor: "No piense, pues, quien tal haga, que recibirá cosa alguna del Señor". Como dije antes, Santiago no le da vueltas; va directamente al grano.

Yo sugiero que tomemos este pasaje literalmente. "Inconstante" significa inconstante. "Arrastrado" y "echado" significan arrastrado y echado. No recibir "cosa alguna" significa justamente eso. Dios retiene deliberadamente sus bendiciones cuando ora la persona de doble ánimo. Para mí eso es serio.

¡Cuánto mejor es tener un ánimo constante! Nada de cháchara. Nada de camelo religioso. Nada de decir una cosa y significar otra. Nada de hipocresía farisaica, de palabras baratas y de aspecto enfermantemente piadoso. Los de ánimo constante son cortos en credos y largos en hechos.

Se interesan... *realmente* se interesan. Son humildes ... *verdaderamente* humildes. Aman... aman *genuinamente*. Tienen carácter... carácter *auténtico*.

Señor de la realidad
hazme real
no plástico
o sintético
o falso simulador

o un actor haciendo su papel
o hipócrita.
No quiero
tener una lista de oración
sino orar,
ni agonizar para encontrar tu voluntad
sino obedecer
lo que ya sé,
discutir
teorías de inspiración
sino someterme a tu Palabra.
No quiero
explicar la diferencia
entre eros y philos
y ágape
sino amar.
No quiero
cantar como si lo sintiera
sino sentirlo.
No quiero
decir lo que es
sino serlo
como tú lo quieres.
No quiero
pensar que otro me necesita
sino necesitarlo
o no estoy completo.
No quiero
decirles a los demás cómo hacerlo
sino hacerlo,
tener siempre que tener la razón
sino admitir cuando estoy equivocado.
No quiero ser censista
sino obstetra,
ni una persona involucrada, un profesional
sino un amigo,
No quiero ser insensible
sino dolerme donde se duelen los demás,
ni decir "sé lo que sientes"
sino decir "Dios sabe

y yo intentaré
si me tienes paciencia
y mientras tanto me callaré."
No quiero menospreciar las frases gastadas de otros
sino decir todo en serio
incluso esto.[10]

En forma apropiada, Joe Bayly le dio a esta oración el nombre de "A Psalm of Single-mindedness" ("Un salmo de ánimo constante"). Dios no rechaza una oración como ésta porque Joe no dijo una cosa queriendo decir otra. Como Santiago, Joe no le dio vueltas a lo que quería decir. Ya no está más en esta tierra, pero sus palabras perduran. Era parecido a otra persona que conozco.

Su nombre es *Jesús*.

La búsqueda de hoy

Conocer a Dios. No hay búsqueda más importante. Pablo declaró que era la meta de su vida (Filipenses 3:10). Jesús oró que se hiciera realidad (Juan 17:3). Jeremías aseveró que es la única cosa por la cual el hombre puede alabarse (Jeremías 9:24). El conocer a Dios tiene un punto de partida —la salvación— y es un proceso que nunca acaba. Hazlo tu meta hoy. Piensa conscientemente: "Señor, usa estos momentos de quietud para enriquecer mi conocimiento de ti. Toma el primer lugar en mi corazón. Revélate a mí".

Lee Santiago 1.

---

10. Joseph Bayly, "Psalm of Single-mindedness" (Un salmo de ánimo constante), *Psalms of My Life* (Salmos de mi vida) (Wheaton Ill, Tyndale House, 1969), págs. 40, 41. Usado con permiso.

Soledad en el liderazgo

Hay momentos en los cuales realmente le tengo lástima a nuestro presidente. No sólo tiene el trabajo más difícil del mundo sino que además no puede ganar, no importa lo que decida. Ya que las palomas y los halcones nunca podrán convivir, no hay modo de meterlos en la misma jaula. Debe haber momentos en los cuales comienza a dudar de su propio valor . . . momentos en los cuales oye las pisadas de sus críticos y se pregunta si pueden tener razón. Su oficina tiene que ser la más solitaria del país. El único consuelo que tiene es que *no es el único.* Cada presidente que lo ha precedido experimentó luchas similares. Ser el jefe conlleva esos gajes del oficio.

Hace poco me acordé de esto al leer acerca de un programa de televisión sobre ese tema tan serio y formal —la biblioteca. Se trataba, sin embargo, de la Biblioteca del Congreso (Library of Congress), y el antiguo presidente del canal, Sir Huw Wheldon, estaba parado delante de un bosque de archivos. El programa tenía toda la apariencia de ser un documental lento y aburrido hasta que . . .

Por la mitad del programa el doctor Daniel Boorstin, el bibliotecario, sacó una pequeña caja azul de un armario que antiguamente había sido el receptáculo de los objetos excepcionales de la biblioteca. La etiqueta de la caja rezaba: CONTENIDO DE LOS BOLSILLOS DEL PRESIDENTE EN LA NOCHE DEL 14 DE ABRIL DE 1865.

Ya que ésa fue la noche fatal en la cual fue asesinado Abraham Lincoln, la atención de cada espectador quedó atrapada.

Boorstin sacó los objetos del pequeño contenedor y los mostró ante la cámara. Había cinco cosas en la caja:

* Un pañuelo, bordado con las letras "A. Lincoln"
* Una navaja de niño campesino
* Un estuche de lentes reparado con hilo
* Un monedero con un billete de 5 dólares (¡de dinero confederado!)
* Unos viejos y gastados recortes de diario

Boorstin informó que los recortes trataban las grandes hazañas de Abraham Lincoln. Uno de ellos relata un discurso de John Bright en el cual dijo que Lincoln era uno de los más grandes hombres de todos los tiempos.

Hoy en día todo el mundo lo sabe, pero en 1865 había millones de personas que tenían una opinión muy contraria a la del estadista británico. Los críticos del Presidente eran muchos y feroces. La suya fue una solitaria agonía que reflejó el sufrimiento y la turbulencia de un país destrozado por el odio y una guerra cruel y costosa.

Hay algo conmovedoramente patético en la imagen mental de este gran líder buscando consuelo y seguridad en unos viejos recortes de diario, leyéndolos solo con la luz parpadeante de una vela en su imponente oficina.

Recordemos esto: La soledad camina donde se detiene la responsabilidad.

En el último análisis, los líderes máximos pagan un alto precio por su posición. Pensemos en algunos ejemplos. Moisés no tenía amigos íntimos. Tampoco Josué. David lo tenía en Jonatán en los primeros años —pero cuando llegó a ser el monarca de Israel, sus más grandes batallas, sus oraciones más profundas, sus decisiones más difíciles ocurrieron en la soledad. Lo mismo sucedió con Daniel. ¿Y los otros profetas? Eran los hombres más solitarios del Antiguo Testamento. Pablo escribió acerca de esto con frecuencia. Le informó a su discípulo Timoteo que

me abandonaron todos los que están en Asia
(2 Timoteo 1:15).

Soledad en el liderazgo

¿Alguna vez pensaste en la vida del evangelista Billy Graham, *aparte de* sus cruzadas y sus públicas presentaciones periódicas? ¿O en la del presidente de alguna organización cristiana o de alguna institución educacional? Hazlo por un momento o dos. Servirían de ilustración a la máxima de A. W. Tozer: *La mayor parte de las grandes almas del mundo han sido solitarias.*

No malinterpretes. No es que el líder sea reservado ni inexplicable ni que se aleje a propósito ni tenga algo que esconder —simplemente es la naturaleza del papel. Es en la soledad que Dios entrega sus mejores pensamientos, y la mente debe estar quieta y callada para recibirlos. Y mucho del peso del oficio sencillamente no puede ser cargado por otros. Por místico que suene, es absolutamente esencial que aquellos que Dios pone en lugares de liderazgo aprendan a respirar cómodamente en el aire rarificado de las alturas himaláyicas donde el consuelo y la seguridad de Dios llegan en el abrumador silencio de la soledad. Donde la opinión del hombre es eclipsada. Donde la fe reemplaza al temor. Donde se profundiza la búsqueda del carácter maduro. Donde (como dijera alguna vez F. B. Meyer) la visión se aclara a medida que el cieno cae de la corriente de nuestra vida.

Es entonces, solos y aparte, cuando los verdaderos líderes se ganan el derecho de ser respetados. Y aprenden el significado pleno de estas profundas palabras: "Estad quietos, y conoced que yo soy Dios".

La búsqueda de hoy

En cada vida
> Hay una pausa que es mejor que el avance,
> Mejor que labranzas y hazañas;
> Es el estar quieto por la voluntad Soberana.
>
> Hay un silencio que es mejor que el discurso ardiente,
> Mejor que el suspiro o el clamor;
> Es el estar quieto por la voluntad Soberana.

La pausa y el silencio cantan una doble canción
En suave unísono por todos los tiempos.
Oh alma humana, ¡el plan de Dios
Avanza, y no necesita el socorro del hombre!
¡Estate quieto y ve!
¡Estate quieto y conoce![11]

Lee el Salmo 46.

---

11. V. Raymond Edman, *The Disciplines of Life* (Las disciplinas de la vida) (Wheaton, Ill.: Scripture Press, 1948), pág. 83.

Sinceridad

"Angela Atwood fue una joven querida, honesta, sincera, que —como Cristo— murió por sus creencias".

Estas palabras realmente escaparon de los labios de un sacerdote católico durante el panegírico que pronunció ante aquellos que se habían reunido para homenajearla en la iglesia de New Jersey. Ya que los acontecimientos relacionados con la muerte de Angela se han desvanecido en la sórdida historia de la era radical de los Estados Unidos, permíteme refrescarte la memoria. Esta joven era uno de los seis miembros de una banda terrorista que se autodenominaba "Ejército Simbionés de Liberación". Ella y sus compañeros fueron muertos en un espectacular tiroteo con la policía en Los Angeles en la década de 1970.

"Esta joven *sincera* estaba siguiendo una vocación cristiana", dijo el sacerdote, porque ella, como Cristo, estaba dispuesta a morir por aquello en lo cual creía *sinceramente*. Aunque era una viciosa criminal, una fugitiva entrenada en el feroz arte del asesinato, su supuesta *sinceridad* la exoneraba de culpabilidad y (si te animas a creerlo) la ligaba con Cristo.

La "sinceridad" es considerada la tarjeta de crédito internacional de la aceptación. Pásala por debajo de las narices del señor y la señora Crédulo y será aceptada sin titubeos. No importa cuán atrasado esté el cliente o cómo se abuse de la tarjeta, la "sinceridad" borrará toda sospecha y validará toda acción. Ni siquiera hace falta firmar el comprobante. Con escribir "soy sincero" al final de cada transacción te convertirás en uno más del montón que mantiene a nuestro mundo al borde de la crisis. Por algún extraño motivo la justicia duerme mientras el juez y el jurado sonríen ante el fallo final: "Inocente... por sinceridad".

¿Desde cuándo me da la "sinceridad" el derecho de hacer el mal? Charles Whitman fue *sincero* cuando subió a la torre de observación de la Universidad de Texas con su arsenal portátil y mató a dieciséis peatones inocentes. El joven terrorista árabe fue *sincero* cuando chocó su vehículo lleno de explosivos contra el cuartel de la Marina en Beirut, matando a 241 jóvenes norteamericanos asignados para salvaguardar la tregua. También lo fue Sirhan Sirhan al asesinar al senador Robert Kennedy... y Adolfo Hitler al escribir *Mein-Kampf*... y Benedict Arnold al traicionar a su país... y Judas al vender su alma por plata. Claro que fueron sinceros. Pero estaban sinceramente *equivocados*. Ninguna cantidad de devoción ni de determinación ni de entrega sacrificante a acciones equivocadas puede convertirlas en acciones correctas. El gritar más fuerte no convierte un argumento débil en uno fuerte. El manejar más aprisa no ayuda en nada cuando se está perdido. El agregar más firmas no hace que un diploma falsificado sea más respetable. De la misma manera, tampoco puede la sinceridad justificar el pecado, a pesar de lo que pueda decir un sacerdote bien intencionado, pero mal orientado.

¿Significa entonces que la sinceridad es cuestionable? No. Tal vez sería mejor decir que el valor de la sinceridad depende de lo que representa. En su carta a los creyentes filipenses, Pablo ruega que su amor

> ...abunde aun más y más en ciencia y en todo conocimiento, para que aprobéis lo mejor, a fin de que seáis sinceros e irreprensibles para el día de Cristo (Filipenses 1:9, 10).

Nosotros, los que estamos en la búsqueda del carácter maduro, debemos permitir que la sinceridad sea nuestro escudo de excelencia a lo largo de todos nuestros días en la tierra. *Sinceridad* es en realidad una palabra latina que significa "sin cera". El término griego significa "probado por el sol". Los antiguos tenían una porcelana muy fina que se valoraba grandemente y era por lo tanto muy cara. Con frecuencia

Sinceridad

sucedía que al ser expuesta al fuego del horno aparecían pequeñas rajaduras. Los comerciantes deshonestos las tapaban con cera de un blanco perla y así podía pasar por verdadera porcelana —si no se la miraba a través de la luz solar. Los comerciantes honestos ponían en su mercadería perfecta la marca *sine cera* —"sin cera".

Y esa es la verdadera sinceridad. Sin engaño, sin hipocresía. Sin rajaduras escondidas. Cuando la sinceridad fluye de nuestra vida, las cosas excelentes son aprobadas, para parafrasear a Pablo. Entonces (y sólo entonces) somos "como Cristo".

Cuando la Luz del mundo brilla a través de nuestra vida y la prueba, la ausencia de rajaduras garantizará la presencia de la verdad. No se puede separar las dos cosas... no importa el grado de sinceridad que haya de por medio.

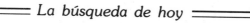

La búsqueda de hoy

Juan 4:23 nos asegura que nuestro Padre *busca* nuestra adoración. El anhela tener adoradores "en verdad", no falsos... ni hipócritas. Ya que "todas las cosas están desnudas y abiertas a los ojos de aquel a quien tenemos que dar cuenta" (Hebreos 4:13), ni intentemos simularla. Los verdaderos adoradores son aquellos que se presentan limpios, con rajaduras y todo. Sé tú uno de ellos hoy al arrodillarte en su presencia.

Lee el Salmo 139.

Honestidad

LOS LADRONES SERAN PROCESADOS HASTA EL LIMITE LEGAL MAXIMO.
*
RATEAR ES ROBAR. ¡NO LO HAGA!
*
TODA LA MERCADERIA DE ESTE LOCAL ESTA MAS CARA QUE NUNCA COMO RESULTADO DEL ROBO. AYUDENOS A LUCHAR EN CONTRA DE LA INFLACION. NO ROBE.
*
LADRONES... ¡NO LO HAGAN!

Conté una docena de estos carteles en la misma tienda ayer. Los estantes habían sido reorganizados y la puerta delantera estaba permanentemente cerrada con candado, obligando a todos los clientes a entrar y salir incómodamente a través de un angosto pasillo cercano a la puerta trasera y próximo a la caja. ¿Por qué? Por la deshonestidad.

El gerente admitió que su tienda era víctima del robo por parte de niños, madres, hombres de negocios, obreros, profesionales, todos. Algunos estantes quedaban completamente vacíos al terminar el día.

La semana pasada leí acerca de una mujer, aparentemente embarazada, que salió del supermercado. El subgerente, desconfiado, la detuvo. Más tarde "dio a luz" un pan de manteca, un corte de carne, un frasco de almíbar, dos tubos de dentífrico, un remedio capilar y varios chocolatines. Se descubrió a cierta ama de casa de California que tocaba diversos artículos al pasar por el supermercado mientras sus dos hijos la seguían, guardando los artículos señalados en los bolsillos. Hay sistemas de alarma sofisticados, espejos de un solo sentido, aparatos para trabar, cámaras móviles y señales electrónicas trabajando a todo vapor, vigilando y exponiendo el problema... pero éste sólo sigue creciendo. Un cálculo sostiene que uno de cada cincuenta y dos clientes estadounidenses se lleva por lo menos un artículo sin pagarlo por día. En este momento la pérdida alcanza la astronómica cifra de tres mil millones de dólares anuales... y sigue subiendo.

Recordemos ahora que el rateo es sólo una ínfima porción de la rancia torta de deshonestidad de la humanidad. No olvidemos nuestro récord depravado: copiarse en los exámanes, tomar una toalla del hotel, no trabajar las ocho horas completas, mentiras tanto descaradas como blancas, declaraciones exageradas, decoración de cifras de pérdidas cubiertas por el seguro, promesas económicas quebradas, engaño doméstico y (me atrevo a mencionarlo) la evasión de impuestos. ¿Sabías que desde 1811 (cuando alguien que había defraudado al gobierno mandó cinco dólares anónimamente a Washington) la Tesorería de los Estados Unidos ha operado un *Fondo de Conciencia?* Desde entonces ha recibido casi tres millones y medio de dólares de ciudadanos remordidos por su conciencia.

La respuesta, por simplista que suene, es el regreso a la honestidad. Tal vez la integridad sea la palabra más exacta. Sería un cambio muy duro para algunos... pero ¡cuán necesario! Se reduce a una decisión interna. Nada menos que eso puede contrarrestar la deshonestidad. El castigo exterior puede doler pero no puede solucionar. Entiendo que en algunas comunidades árabes cuando se pesca a un ladrón se le corta la mano. Uno pensaría que sería más que suficiente para frenar la deshonestidad nacional. Pero por lo que leemos, sería difícil mantener que los árabes se destacan del resto de la humanidad por su integridad.

El cortar una mano para detener el robo yerra el blanco del problema como por un metro. La deshonestidad no empieza por las mano así como la avaricia no comienza por el ojo. Es una enfermedad interna. Revela una seria falla de carácter.

Lo ideal es plantar las semillas y cultivar las raíces de la honestidad en el *hogar.* ¡Bajo los vigilantes ojos de padres

Honestidad

constantes, diligentes y persistentes! En el mejor laboratorio de vida que Dios jamás haya designado —la unidad familiar. Es *allí* que se absorbe una apropiada escala de valores a medida que se aprende el valor de la moneda. Es sobre ese yunque que se martilla la apreciación por el trabajo, la estima de la verdad, la recompensa por el logro y el costo de la deshonestidad para que la vida se forme correctamente desde lo más profundo. Donde se forja el carácter.

¿Pero qué pasa si a uno no se le formó así? ¿Hay alguna esperanza?

¡Por supuesto! Una de las razones por las cuales el cristianismo es tan atrayente es la esperanza que ofrece. Cristo no ofrece una técnica para reedificar *tu* vida. El te ofrece *su* vida —su honestidad, su integridad. No un montón de reglas y de cosas que harás y no harás. Sino el poder suficiente para contrarrestar tu inclinación por la deshonestidad. El lo llama una nueva naturaleza, pura y no contaminada. Completamente honesta. Algunos te dirían que creer en Jesucristo —confiar en él para vencer viejos hábitos y ser honesto —significa cortarse la cabeza. Cometer el suicidio intelectual. ¿Es una quimera operar la vida interna por el principio de la fe (en vez de la derrota)? ¡En absoluto! No sólo es la mejor manera de dejar de ser deshonesto, sino que es la *única* manera de hacerlo.

No necesitas cortarte ni la mano ni la cabeza para ser una persona honesta. Lo que quieres cortar es el *hábito* por medio de la presencia honrada de Cristo en tu hogar interior.

=========== *La búsqueda de hoy* ===========

Viva. Activa. Penetrante. Poderosa. Así es la Palabra de Dios. A diferencia de toda otra cosa que jamás haya sido escrita, las Escrituras tocan nuestro corazón y cambian nuestra vida. Hoy, como siempre, necesitamos su toque. Aunque sea dolorosa y profunda, su cirugía nos beneficia inevitablemente. Que su Espíritu prepare nuestro corazón para el ministerio punzante de la espada de dos filos.

Lee Hebreos 4:12-16.

Ayer, hoy, mañana

Uno de mis viejos amigos, Tom Craik, se gana la vida trabajando de consejero en una escuela secundaria. Está comprometido con el fortalecimiento de las relaciones familiares, ayudando a madres, padres e hijos a quererse —lo cual incluye aceptarse, respetarse y comunicarse.

Durante años Tom ha estado en contacto con todo el espectro de la familia en turbulencia, así que no hay mucho que él no haya visto u oído. Siempre me ha dicho las cosas tal como son, característica que admiro mucho. Hace poco me mandó unas reflexiones que pensó que quizá yo querría compartir con otros. Me llamaron la atención porque se relacionan con el desarrollo del verdadero carácter en el hogar.

> Ahora que la escuela ha comenzado de nuevo, es probable que todos estemos conscientes de las maneras en las cuales seremos distintos este año escolar. Vamos a estudiar más. Este año nos vamos a sacar todas las notas buenas, vamos a tratar a nuestros padres con más respeto, demostrar sentido común en todas nuestras empresas para que seamos vistos como jóvenes adultos responsables. Este año vamos a ser más familia, vamos a estar juntos más, disfrutar más de la compañía mutua. Nos va a gustar estar juntos. A lo mejor hasta saldremos juntos algunos fines de semana. Como familia discutiremos menos y hablaremos más. Nos respetaremos las opiniones y hablaremos de una manera civilizada, adulta, positiva y cariñosa. Comeremos juntos y nos enteraremos de cómo le fue a cada uno y realmente nos apoyaremos.

Este año papá dejará de tomar y mamá no gritará tanto. Este año mis hermanos se llevarán mejor. Nos ayudaremos con los estudios y le ayudaremos a mamá en la casa. Este año nuestros padres no van a tener que retarnos todo el tiempo para que hagamos nuestras tareas: las haremos. Mantendremos el orden en nuestro dormitorio y lavaremos los platos. Nada de peleas ni molestias para nosotros este año. Este año apreciaremos a mamá y papá porque ahora realmente sabemos todo lo que hacen por nosotros. Puedo imaginármelo: "Este año podré acostarme por la noche sin preocuparme por las peleas de mamá y papá porque este año las cosas van a ser diferentes. Porque este año voy a ser mejor así mamá y papá no tendrán ningún motivo por el cual gritar y tomar y pelearse. Una cosa es segura; todos nos vamos a llevar mejor este año".
¿Algo de esto suena vagamente familiar? Lo más probable, sin embargo, es que, para cuando leas esto, esos "sueños" se estén convirtiendo en historia a medida que ayer se convierte en hoy... y hoy se convierte en mañana.
El mes que viene cumplo treinta y un años. Cuando divido esa cifra por dos, tengo quince años y medio. Aunque no lo creas, eso fue ayer. Si la multiplico por dos, tengo sesenta y dos. Aunque no lo creas, me parece ser mañana. Ayer por la mañana nació mi hijo. Hoy tiene casi un año. Mañana tendrá quince. ¿Adónde va el tiempo? ¿Qué pasó con los "sueños"? ¿Y sabes otra cosa? Sé menos hoy de lo que sabía ayer y probablemente sé más ahora de lo que sabré mañana. ¡Zum! Ahí va. ¡Ahí voy yo!
Padres, la mayor parte de esto se aplica a nosotros. Nosotros somos los que creamos el ambiente, el clima de nuestro hogar. Creamos la tensión o la paz, el conflicto o el orden. Determinamos si nuestro hogar se caracteriza por el amor y el apoyo o por el odio y el aislamiento. Nosotros somos los que enseñamos responsabilidad o culpa. Nosotros

somos los que buscamos lo bueno o nos quejamos, y quejamos, y quejamos.
Chicos, mañana van a tener treinta años. Ya pasó el momento de buscar a quién culpar, de buscar alguna razón por la cual las cosas no son como quieren que sean. Hagan su propio cambio. Cuídense. Actúen en su propio interés. Esfuércense por ver lo que quieren y después busquen cómo lograrlo. Encuentren su intención, su propósito, su sueño y dense cuenta que si se va a hacer realidad ustedes son los que lo harán realidad. ¡A trabajar! Tengo que irme. Mi hijo está buscando las llaves del auto...[12]

Tom tiene razón. Aunque duela reconocerlo.

En lugar de sólo leer estas palabras, o sólo pensar en ellas un rato, ¿por qué no seguimos su consejo? El secreto consiste en la manera de manejar el hoy, no el ayer o el mañana. *Hoy*... ese bloque de tiempo tan especial que tiene la llave para cerrar la puerta contra las pesadillas del ayer y para abrirla a los sueños del mañana.

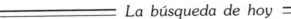
La búsqueda de hoy

¿Qué es hoy? Un día que el Señor ha hecho. Un segmento de veinticuatro horas que nunca se han vivido antes y nunca se volverán a vivir. Puede que no vivas para ver otro día como éste. Tal vez nunca estés más cerca de una decisión que necesites tomar, de un paso que necesites dar, de un pecado que necesites dejar, de una opción que necesites ejercer. Así que —hazlo hoy. Antes de que el sol se ponga y las demandas del mañana eclipsen los deseos de hoy.

Lee el Salmo 90.

---

12. Usado con permiso del autor.

Abundancia y escasez

Durante el mandato de la Reina Victoria, el Reino Unido estaba sumido en verdades bíblicas. Cada Día del Señor se servía un banquete suntuoso y se podía elegir fastidiosamente sin temor de quedarse con hambre. Nadie lloraba por falta de alimento espiritual. Aquí tenemos el por qué.

* Charles Haddon Spurgeon estaba esgrimiendo la Espada en el Tabernáculo Metropolitano en Londres.
* No muy lejos de allí una congregación de 3.000 en el Templo de la Ciudad estaba bien alimentada por treinta y tres años bajo el ministerio de Joseph Parker.
* El piadoso F.B. Meyer estaba guiando a la gente hacia un caminar más significativo y más cercano a Dios.
* William Booth estaba tronando en contra de los pecados de la ciudad.
* C.H. Liddon estaba firme en la Iglesia de San Pablo.
* El doctor Alexander MacLaren estaba pronunciando algunos de los más sobresalientes sermones expositivos en la historia de la iglesia.
* R.W. Dale estaba en Birmingham, predicando durante treinta y seis años en Carr's Lane. Dos años antes de su muerte, G. Campbell Morgan comenzó su pastorado en la cercana Iglesia Congregacional de Westminster Road en la misma ciudad.
* Alexander Whyte era entonces un asociado del famoso Robert S. Candlish en la Iglesia Libre de San Jorge en Edinburgh. Después reemplazó a su devoto mentor, permaneciendo en esa iglesia

un total de cuarenta y siete años ministrando a muchos miles de santos escoceses.
* Y no debemos olvidar las frecuentes visitas del evangelista americano Dwight L. Moody, que podía ser escuchado en una docena o más de ciudades en Gran Bretaña durante ese mismo y sobresaliente período de tiempo.

¡Qué era! Había gigantes en la tierra durante esos días y su inmensidad cubrió el paisaje cristiano con una gama de sombras impresionantes sin igual en la ilustre historia de las Islas. Personificaban la segunda estrofa de ese gran himno evangelizador escrito en su época:

> Muévese potente,
> La iglesia de Dios...[13]

Pero la cadencia ahora está amortiguada. Aquel ejército de valientes y vigorosos soldados que una vez fuera tan fuerte parece estar reducido a meros escuadrones esparcidos aquí y allí... alguno que otro heroico "francotirador". ¿Dónde está aquella larga lista de iglesias invencibles y audaces hoy? ¿Cuántas están ahora sumidas en el compromiso de preparar a los santos para el ministerio por medio de un púlpito fuerte y bíblico y una sólida escuela dominical equilibrada con un énfasis igualmente fuerte en la aplicación y el discipulado?

¿Suena demasiado severo, demasiado negativo? Está bien; hagamos una sencilla prueba de cuatro preguntas:

1. ¿Cuántas iglesias influyentes puedes nombrar; iglesias que sean conocidas por su dinámica bíblica —lugares donde serías alimentado adecuadamente, desafiado, verdaderamente "equipado"?
2. Entre tus amigos que se han mudado de tu ciudad a otra parte del país, ¿cuántos están animados, sanos, creciendo espiritualmente gracias a una buena iglesia?
3. ¿Cuál sigue siendo la mayor necesidad en los seminarios evangélicos entre aquellos que piensan entrar en el pastorado?
4. ¿Cuántos jóvenes puedes nombrar que están siguiendo el ministerio pastoral con entusiasmo, seguridad, un corazón

volcado a Dios y un compromiso con la exposición bíblica? ¿Dieciocho? ¿Diez? ¿Siete? ¿Tres?

No es ninguna exageración afirmar que estamos ante una escasez —el peor tipo de escasez imaginable. Una escasez acerca de la cual la Reina Victoria y sus pares no sabían nada. Pero Amós sí la conocía.

Aquel antiguo profeta tenía en mente a gente como nosotros, no la de la Gran Bretaña del siglo diecinueve, cuando expresó estas conmovedoras palabras:

> He aquí vienen días, dice Jehová el Señor,
> En los cuales enviaré hambre a la tierra,
> No hambre de pan, ni sed de agua,
> Sino de oir la palabra de Jehová.
> E irán errantes de mar a mar;
> Desde el norte hasta el oriente
> Discurrirán buscando palabra de Jehová,
> Y no la hallarán (Amós 8:11, 12).

Lee aquellas palabras lentamente. Léelas en voz alta. Léelas y llora.

La búsqueda de hoy

¡Cuán firme cimiento se ha dado a la fe,
De Dios en su eterna palabra de amor!
¿Qué más él pudiera en su libro añadir.
Si todo a sus hijos lo ha dicho el Señor?[14]

Hazte esa pregunta. Al orar, alaba a Dios por su Palabra —inspirada, confiable, penetrante y eterna. Pídele que te mantenga en tu búsqueda del carácter maduro. Si estás en una iglesia donde hay equilibrio, un púlpito consistentemente fuerte y desafiante, compasión y celo por los perdidos, no importa el tamaño que tenga, dale tu alabanza.

Lee el Salmo 119:97-106.

---

13. Sabine Baring-Gould "Firmes y Adelante." Trad. por Juan B. Cabrera. *Himnario Bautista,* El Paso: Casa Bautista de Publicaciones, 1978.
14. John Rippon, "¡Cuan Firme Cimiento!" Trad. por Vicente Mendoza..*Himnario Bautista,* El Paso: Casa Bautista de Publicaciones, 1978.

Escape

Sucedió hace más de cuarenta años. Sin embargo, la ironía del asunto me sigue maravillando hasta el día de hoy.
Un pintor de murales llamado J.H. Zorthian leyó acerca de un pequeño niño que había muerto atropellado por un auto. Su estómago se le revolvía de sólo pensar que eso le pudiera suceder a uno de sus tres hijos. Su preocupación se transformó en una ansiedad ineludible. Cuanto más se imaginaba tal tragedia, más ansioso se ponía. Su eficacia como artista quedó postergada una vez que empezó a tener cada vez más miedo.
Finalmente sucumbió a su obsesión. Canceló las negociaciones para comprar una casa grande en la agitada ciudad de Pasadena en California, y empezó a buscar un lugar donde sus hijos estuvieran a salvo. Su búsqueda se volvió tan intensa que dejó de lado todo su trabajo mientras planeaba todas las formas posibles de proteger a sus hijos del mal. Trató de imaginar la presencia del peligro en todo. La ubicación de la residencia era crítica. Debía ser grande y alejada, así que compró doce acres ubicados en una montaña al final de un camino largo, angosto y sinuoso. En cada curva del camino puso carteles que decían "Niños jugando". Antes de empezar la construcción de la casa, Zorthian construyó personalmente una zona de juegos para sus tres hijos y la cercó. La construyó de tal forma que era imposible que un auto llegara a más de 50 metros de ella.
Después... la casa. Con cuidado meticuloso combinó la belleza con la seguridad. Incorporó varios detalles de los diseños que él había concentrado en los murales que adornaban cuarenta y dos edificios públicos en diversas ciudades. Sólo que esta vez su objetivo era más que el arte colorido... sobre todo, tenía que ser seguro. Se aseguró de eso. Finalmente había que

construir el garaje. Un solo automóvil usó ese garaje —el de Zorthian.
Estudió cada posibilidad de peligro para sus hijos. Sólo pudo pensar en un riesgo posible. Tendría que retroceder para salir del garaje. En un momento de apuro podría arrollar a uno de sus hijos al salir. Inmediatamente hizo planes para construir un área protegida para dar la vuelta en redondo. El constructor volvió para preparar los cimientos para la zona adicional pero antes de poder poner el cemento una lluvia torrencial interrumpió el proyecto. Fue la primera lluvia en muchas semanas de sequía.
Si no hubiera llovido aquella semana, la zona protegida habría estado terminada y en uso para el domingo. Ese día fue el 9 de febrero de 1947... el día en que el hijo de dieciocho meses, Tiran, se escapó de los brazos de su hermana y corrió detrás del auto que Zorthian sacaba del garaje. *El niño murió en el acto.*
No hay garantías absolutas. No hay planes infalibles. No hay diseños completamente confiables. No hay arreglos completamente libres de riesgo. La vida se niega a ser tan limpia y prolija. Ni siquiera los neuróticos, que toman medidas extremas para asegurarse, están protegidos de sus temores obsesivos. Los mejores planes de los hombres siguen saliendo mal, recordándonos que la vida y el riesgo van de la mano. El vivir temeroso siempre termina explotándonos en la cara. Todos los que vuelan tienen el riesgo de caer. Todos los que manejan corren el riesgo de chocar. Todos los que corren tienen el riesgo de caerse. Todos los que caminan corren el peligro de tropezar. Todos los que viven arriesgan *algo.*

> Reírse es arriesgarse a parecer un tonto.
> Llorar es arriesgarse a parecer sentimental.
> Buscar a otro es arriesgarse al compromiso.
> Mostrar los sentimientos es arriesgarse a revelar el verdadero ser.
> Amar es arriesgarse a no ser amado.
> Esperar es arriesgarse a la desesperación.
> Intentar es arriesgarse a fracasar.

¿Quieres conocer el camino más corto hacia la ineficacia?

Empieza a correr asustado. Trata de estar en todas al mismo tiempo. Hazte paranoico por el frente, los costados y la retaguardia. Piensa acerca de cada peligro posible, enfoca los riesgos, preocúpate por los "y si..." en vez de los "¿por qué no?" No te arriesgues nunca. Dile que no al valor y que sí a la cautela. Espera lo peor. Deja cundir el pánico. Sófocles dijo que para el que teme todo susurra. Traba todas las puertas por triplicado. Cobíjate en el nido de la inacción. Antes de que te percates de ello (tomando prestado una frase del fallecido autor, E. Stanley Jones) "la parálisis del análisis" se hará cargo de tu vida. Junto con la soledad y, finalmente, el aislamiento. ¡No, gracias!

¡Cuánto mejor es enfrentarse con algunos tercos osos y leones, como lo hizo David! Nos preparan para los gigantes como Goliat. ¡Cuánto más apasionante es meterse en el Mar Rojo como Moisés y ver cómo Dios abre las aguas! Nos da algo interesante de lo cual hablar mientras atravesamos un miserable desierto por los siguientes cuarenta años. ¡Cuánto más interesante es zarpar para Jerusalén, como Pablo, sin saber lo que nos pueda ocurrir, en vez de quedarse en la monotonía de Mileto, temiendo las pisadas y mirando un atardecer tras otro! ¡Guarda tu corazón de la sobreprotección!

Por suerte no todos han optado por la seguridad. Algunos se han sobrepuesto a pesar de los riesgos. Algunos han llegado a la grandeza a pesar de la adversidad. Se niegan a escuchar a sus temores. Nada de lo que se les pueda decir o hacer los detiene. ¡Las desventajas y las desilusiones no tienen por qué descalificarnos! Ted Engstrom dice con gran perspicacia:

> Lísialo y tienes un Sir Walter Scott. Enciérralo en una celda y tienes un John Bunyan. Sepúltalo en las nieves de Valley Forge y tienes un George Washington. Críalo en la miseria y tienes un Abraham Lincoln. Dale parálisis infantil y se convierte en Franklin Roosevelt. Quémalo tan severamente que los médicos digan que nunca volverá a caminar y tienes un Glen Cunningham —que batió el récord mundial de una milla en 1934. Ensordécelo y tienes un Ludwig van Beethoven. Hazlo nacer negro en una sociedad llena de discrimina-

ción racial y tienes un Booker T. Washington, una Marian Anderson, un George Washington Carver . . . Llámalo lerdo, "retardado" e ineducable y tienes un Albert Einstein.[15]

Ponle el freno a tus temores; de otro modo se interrumpirá tu búsqueda del carácter maduro. La eficacia —y a veces la grandeza— espera a aquellos que se niegan a escapar.

===== La búsqueda de hoy =====

¿Qué viene del Señor porque es imposible que los humanos lo fabriquen? La sabiduría. ¿Qué viene de los humanos porque es imposible que el Señor lo experimente? La ansiedad. ¿Y qué es lo que trae la sabiduría y disipa la ansiedad? La adoración. No dejes que nada te distraiga de tu tiempo de adoración personal hoy. No dejes que nada te asuste . . . nada del pasado del ayer, del presente de hoy, del futuro del mañana. Nada.

Lee 2 Timoteo 1:3-14.

---

15. Ted Engstrom, *The Pursuit of Excellence* (La búsqueda de la excelencia) (Gran Rapids, Mich.: Zondervan Publishing House, 1982), págs. 81, 82.

Una espiral descendente

Algunos de mis más gratos recuerdos me llevan a una pequeña bahía del Golfo de México. Mi abuelo materno tenía una casita en esa bahía y era muy generoso en compartirla con su numerosa prole. Nuestra familia pasó las vacaciones de verano allí a lo largo de mi adolescencia: yendo en bote, nadando durante horas, saltando de los muelles, pescando camarones, platijas y todo tipo de pez, pero por sobre todo riendo y relajándonos.

Mientras pasaban aquellos años en compañerismo y diversión familiar, se estaba llevando a cabo una implacable erosión. Las aguas de la bahía se estaban comiendo la tierra entre la casita y el mar. Año tras año, gracias a la marea, algunos huracanes y el chapoteo incesante de las olas en la costa, la bahía iba consumiendo grandes bocanadas de tierra. Nadie habló del tema ni se molestó en tomarlo en cuenta durante todas nuestras actividades y nuestras horas de descanso. En mi inocencia infantil ni siquiera pensé en ello. Pero nunca olvidaré el día en que todo eso cambió. Hice un pequeño experimento una tarde de verano que me hizo una impresión indeleble.

El año anterior habíamos estudiado la erosión en la escuela. El profesor nos había convencido de que aunque no podamos ver que ocurra ni oír las advertencias, la erosión puede estar llevándose a cabo en nuestras mismas narices. *Sólo porque sea silenciosa y lenta no significa que no sea devastadora.* Así que, sólo en el último día de nuestra vacación ese verano, clavé una gran estaca en el suelo y medí la distancia entre ella y el mar —unos cinco metros, si mal no recuerdo.

Volvimos al año siguiente. Antes de que bajara el sol el primer día después que llegamos, volví· a la estaca y medí la distancia; quedaban poco menos de cuatro metros. La bahía se había tragado un metro, pero —no en grandes bocanadas sino en pequeños mordisconcitos aquí y allí durante todo el año. Se estaba desenvolviendo una espiral descendente. Frecuentemente me he preguntado lo que encontraría si volviera a ese lugar de felices recuerdos familiares: ¿estaría la casita en pie todavía o se habría rendido al insaciable apetito del mar?

Un amigo mío, que asistió a una prestigiosa universidad tradicional hace muchos años, me contó una historia similar. Había un árbol imponente —una especie de hito tradicional— bajo el cual se habían reunido los estudiantes por décadas. Nadie podía imaginar aquella universidad sin el roble gigante que expandía sus ramas para el deleite de todos. Parecía ser una parte perpetua del paisaje . . . hasta que, un día, con un enorme C-R-A-C-K espeluznante, el gran gigante entregó el espíritu. Una vez caído, todos los que lamentaban su ida podían ver lo que nadie se había molestado en percibir. Hacia años que se iba desarrollando una espiral descendente. Mes tras mes, estación tras estación, se estaba llevando a cabo una erosión interna. *Sólo porque fue silenciosa y lenta no significaba que no se estuviera muriendo.*

Mi interés no se centra simplemente en una casita o en una universidad . . . sino en el carácter. Muy sigilosamente, los gérmenes morales y éticos invisibles pueden invadir, llevando consigo las etapas iniciales de una enfermedad terminal. Nadie se puede dar cuenta de ello por el solo hecho de mirar, porque ocurre imperceptiblemente. Es más lento que un reloj y mucho más silencioso. No hay campanadas; ni siquiera un tic-tac persistente. Un descuido aquí, un acomodo allí, un deliberado pasar por alto, un debilitamiento, un bostezo, una siesta, un hábito . . . un destino. Antes de que nos podamos dar cuenta de ello, un pedazo de carácter cae al mar, una tira protectora de corteza cae al pasto. Lo que una vez "no fue nada" se convierte en algo mayor que la vida misma. Lo que comenzó con inocencia inquisitiva termina en adicción destructiva.

La misma espiral descendente puede impactar a una familia. Es lo que frecuentemente describo como el "efecto dominó". Lo que es tolerado por mamá y papá se filtra al hijo y a la hija. Como llorara Jeremías: ". . .Los padres comieron las uvas agrias y los dientes de los hijos tienen la dentera" (Jeremías 31:29). La tragedia es que el asunto no para aquí. Esos hijos crecen, formando el futuro de la nación. Me recuerda un trozo de una carta que John Steinbeck le escribió a Adlai Stevenson:

> Hay un gas rastrero de inmoralidad que todo lo impregna, que empieza desde el jardín de infantes y no se detiene hasta las altas esferas de la comunidad y el gobierno.[16]

El sociólogo e historiador Carle Zimmerman, en su libro *Familia y civilización* (1947), registró sus agudas observaciones al comparar la desintegración de diversas culturas con la desintegración paralela de la vida familiar en ellas. Ocho patrones específicos de comportamiento doméstico tipificaban la espiral descendente de cada cultura estudiada por Zimmerman.

* El matrimonio pierde su santidad... se quiebra frecuentemente por el divorcio.
* Se pierde el sentido tradicional de la ceremonia de casamiento.
* Abundan los movimientos feministas.
* Crece la falta de respeto público por los padres y por la autoridad en general.
* Se ve un crecimiento de la delincuencia juvenil, la promiscuidad y la rebelión.
* La gente con matrimonios tradicionales rechaza las responsabilidades familiares.
* Crece el deseo del adulterio y su aceptación.
* Crece el interés en y el alcance de las perversiones sexuales y de los crímenes relacionados con el sexo.[17]

Este último generalmente marca la etapa final de la desintegración social. El "gas de inmoralidad que todo lo impregna" puede ser invisible pero, según Zimmerman, puede ser letal.

Antes de terminar la lectura de hoy encogiéndote de hombros, dedica sesenta segundos a examinar tu vida. Si estás casado, haz una medida mental de tu matrimonio... tu familia. Piensa mucho. No te mientas. Compara "lo que fuimos" con "lo que somos". Echa un vistazo dentro de los muros de tus normas morales, del compromiso con la excelencia ética que una vez fuera tan fuerte. ¿Hay termitas socavándolos? No dejes que los años pasados de inocencia y diversión te engañen. Puede ser que haya una erosión de la cual no te has percatado. *Sólo porque los cambios sean silenciosos y lentos no significa que las cosas no se estén deteriorando.*

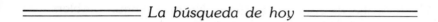

======= La búsqueda de hoy =======

Al ir pasando hoja tras hoja del calendario nos acordamos del poder del Señor para cambiar los tiempos y las estaciones. Días vigorosos y ventosos reemplazan a otros quietos y calurosos. Las flores adornan los campos y luego se desvanecen. Las hojas nacen en las ramas desnudas, se abren ante la brisa veraniega y luego mueren en llamas de color. Toma el tiempo hoy para deleitarte en su presencia mientras reconoces su derecho a traer el cambio a tu vida. ¿Eres sensible a su obra? ¿Estás escuchando? ¿Estás dispuesto y abierto al cambio? Díselo hoy.

Lee Efesios 5:1-21.

---

16 John Steinbeck, en una carta a Adlai Stevenson citada por Billy Graham en *El mundo en llamas*, Trad. por Adam Sosa (El Paso: Casa Bautista de Publicaciones, 1981), pág. 38.

Rigidez

Acabo de colgar el teléfono. No tuve ningún problema en sentirme identificado con la historia.
Estaba hablando con un pastor de una iglesia bastante grande. El y yo hemos sido amigos alrededor de una década. Es un hombre sensible, cariñoso, tierno... tal vez demasiado tierno, casi frágil a veces. Está en una iglesia evangélica fuerte y respetada por la comunidad. Pareciera no haber motivo alguno para que no se sienta profundamente realizado, con mayor poder en el púlpito y en relación más estrecha con otros. Pero no es así. Aunque es un hombre maduro en años, está perdiendo el ánimo rápidamente. ¿Sus palabras? "Quiero renunciar". No es un hombre de renunciamientos, pero está comenzando a preguntarse si no sería mejor renunciar.
¿Por qué? Porque ha chocado contra una sólida muralla de resistencia. Ha comenzado un programa creativo que rompe con el pasado, uno que no heriría muchas susceptibilidades en un lugar donde se acepta la innovación y se aprecia el cambio. Pero porque su rebaño incluye un sector que no es ni muy innovador ni abierto, el pobre hombre se ha encontrado con la ira de Gengis Kan. Sufro por él, pero hay muy poco que pueda hacer para ayudar. Lo llamé porque había oído que se iba (un falso rumor) y quería animarlo. Más que nada, sentí que necesitaba un oído y la seguridad que alguien, aunque estuviera a muchos kilómetros de distancia, todavía creía en él. Espero que se haya sentido afirmado.
Estoy orando para que mi amigo no tire la toalla pero lo respeto demasiado como para predicarle. Hay numerosas dificultades que los líderes cristianos pueden y deben soportar. Cada

una puede traer dolor y desilusión pero, como ninguna da en la raíz, la esperanza nos ayuda a hacerle frente. Todavía tenemos espacio para respirar. Cualquier posición de liderazgo tiene sus gajes del oficio, el ministerio incluido. Pero hay algunas pruebas que sólo pueden ser resistidas por un tiempo determinado. Una de ellas es la *rigidez*. No conozco una palabra mejor para describir el fenómeno. Ya es bastante difícil tratar con gente que elige vivir de esa manera, pero cuando llega a requerir que uno también lo haga, restringiendo en última instancia la visión del ministerio, se vuelve insoportable. Tal vez sea la sensación más parecida a la sofocación.

¿Por qué les cuesta tanto a los ministros tratar con la rigidez? ¿Por qué tiene un efecto tan tiránico sobre las iglesias? Tres razones se presentan a la mente.

En primer lugar, la rigidez rara vez es motivada por el amor. El verdadero amor (descrito en 1 Corintios 13) "es sufrido ... benigno ... no hace nada indebido, no busca lo suyo" (versículos 4, 5). En otras palabras, el amor suelta lo suyo. Libera. No es ni exigente ni posesivo.

En segundo lugar, la rigidez restringe la creatividad y así impide el progreso. Amenazada por el riesgo y la posibilidad del fracaso, le corta las alas al futuro —y después lo critica por no volar.

En tercer lugar, la rigidez es la marca del legalismo, el archienemigo de cualquier iglesia en movimiento. Dale la suficiente cuerda al legalismo y habrá un linchamiento de toda idea nueva, pensamiento fresco y programa innovador. Sí, de todo. La libertad requiere espacio para rondar, lugar para estirarse, que conduzcan a la emoción de la exploración. Si se quita la libertad tendremos que darle una despedida anhelante y desesperanzada al entusiasmo.

El pastor Eugene Peterson no tiene pelos en la lengua al animar a los que están libres a estar atentos. Lee esto cuidadosamente:

> Hay gente que no quiere que seamos libres. No quiere que seamos libres ante Dios, aceptados tal como somos por su gracia. No quiere que seamos libres para expresar nuestra fe de una forma

original y creativa en el mundo. Nos quiere controlar; nos quiere usar para sus propios propósitos. Ella misma rechaza el vivir ardua y abiertamente en fe, pero se junta con otros como ella y trata de obtener un sentido de aprobación al insistir que todos se vean igual, hablen igual y se comporten igual, validando así su valor mutuo. Trata de aumentar su número con la condición de que los nuevos miembros se comporten y hablen igual que ella. Esta gente infiltra las comunidades de la fe "para espiar nuestra libertad que tenemos en Cristo Jesús" y no pocas veces encuentra la forma de controlar, restringir y reducir la vida de los cristianos libres. Sin darnos cuenta estamos ansiosos por lo que los demás dirán de nosotros, obsesivamente preocupados por lo que los demás piensan que debemos hacer. Ya no vivimos las buenas nuevas sino que ansiosamente intentamos memorizar y recitar el libreto que otro nos ha asignado. Puede que lleguemos a sentirnos seguros, pero no seremos libres. Puede que sobrevivamos como comunidad religiosa, pero no experimentaremos lo que significa ser humanos, vivos en amor y fe, expansivos en esperanza.[18]

En el último análisis, la rigidez sentencia los sueños a la muerte. Sin sueños la vida se hace aburrida, tediosa, llena de cautela inhibida. En vez de lanzarnos a nuevas aventuras, nos frenamos por temor. La rigidez y el riesgo no pueden coexistir.

El 24 de mayo de 1965 una pequeña embarcación de unos cinco metros salió silenciosamente de la marina de Falmouth, Massachusetts, en el noreste de los Estados Unidos. ¿Su destino? Inglaterra. Sería la embarcación más pequeña en hacer el viaje. ¿Su nombre? *Cascabel.* ¿Su piloto? Robert Manry, un jefe de redacción para el diario *Cleveland Plain Dealer,* que sentía que diez años detrás del escritorio eran suficiente aburrimiento por un tiempo. Así que se tomó una licencia del trabajo para realizar su sueño secreto.

Manry tenía miedo . . . no del océano, sino de toda aquella gente que trataría de disuadirlo. Así que no compartió su

Rigidez

proyecto con muchos; sólo con algunos parientes, especialmente su esposa Virginia, su fuente más grande de apoyo.

¿El viaje? Fue cualquier cosa menos placentero. Pasó noches angustiosas sin dormir tratando de cruzar las rutas barqueras sin ser embestido y hundido. Las semanas de estar en el mar hicieron que la comida perdiera el gusto. La soledad, aquel antiguo monstruo de las profundidades, le trajo alucinaciones aterradoras. El timón se rompió tres veces. Las tormentas lo barrieron al mar y, si no hubiera sido por la soga que se había atado a la cintura, nunca habría podido volver a subirse a la embarcación. Finalmente, después de setenta y ocho días solo en el mar, llegó a Falmouth, Inglaterra.

Durante aquellas noches en el timón había soñado acerca de lo que haría una vez que llegara. Sencillamente esperaba registrarse en un hotel, comer solo y ver la mañana siguiente si la Associated Press podría tener algún interés en su historia. ¡Qué sorpresa le esperaba! La noticia de su llegada se había difundido. Ante su asombro, *Cascabel* tuvo una escolta de trescientas embarcaciones tocando las bocinas a todo volumen. En la costa lo esperaban cuarenta mil personas, gritando y vitoreando.

Robert Manry, el jefe de redacción vuelto soñador, se había convertido en héroe de un día para el otro. Su historia ha sido contada alrededor del mundo. Pero Robert no pudo haberlo logrado solo. Parada en el muelle estaba una heroína aun mayor —Virginia. Rechazó el ser rígida y cerrada cuando se estaba formando el sueño de Robert y lo animó . . . dispuesta a correr el riesgo . . . permitiéndole la libertad de seguir su sueño.

Un ministerio que abre el paso no puede llegar a ser tal sin un soñador que se cansa del "mantenimiento" de rutina, año tras año. La búsqueda del carácter maduro se acelera en un contexto de libertad, ánimo y riesgo. Necesitamos más gente como Robert, que tiene la creatividad y la tenacidad para romper con el aburrimiento y probar lo distinto. Pero aun más, necesitamos más gente como Virginia, que no permita que reine la rigidez.

Dime, ¿te cuesta identificarte con esta historia?

La búsqueda de hoy

Visión. Es esencial para la sobrevivencia. Es engendrada por la fe, mantenida por la esperanza, encendida por la imaginación y fortalecida por el entusiasmo. Es mayor que la vista, más profunda que el sueño, más amplia que la idea. La visión abarca enormes vistas más allá de la esfera de lo predecible, lo seguro, lo anticipado. ¡Con razón perecemos sin ella! Pídele a Dios que expanda tu visión hoy . . . que te anime con planes visionarios mientras caminas en su presencia.

Lee Hebreos 11.

---

18. Eugene Peterson, *Traveling Light* (Viajar con poco equipaje) (Downer's Grove, Ill, Inter Varsity Press, 1982), pág. 67.

Curiosidad

"Jorge el curioso" es un mono. Es el personaje principal de una serie de libros para niños que mi hijo amaba de niño. Durante su infancia pasamos horas sentados, riéndonos como locos de las extravagantes situaciones en las cuales se metía el pequeño Jorge simplemente porque se dejaba dominar por la curiosidad.

Los cuentos siempre seguían el mismo patrón básico. Jorge llegaba a una nueva área, impulsado a investigar por su naturaleza inquisitiva. El primer paso no era ni malo ni perjudicial, sólo un poco cuestionable. Invariablemente, Jorge no se sentía satisfecho con su primer encuentro y sus primeros descubrimientos sino que sondeaba más a fondo... miraba más a fondo... se metía más a fondo... hasta que la novedad de la situación adquiría una nueva dimensión, la dimensión del *peligro*.

En última instancia, no ocurría nada dentro de lo trágico —y el que sufría más era nuestro pequeño amigo de la cola larga, un primate curioso llamado Jorge.

La curiosidad —en un punto es el signo de una mente sana y a veces ingeniosa... es la chispa que impulsa a los buscadores hambrientos al laberinto de la verdad, rehusando parar sin una investigación a fondo.

La curiosidad —ese portón gastado por el tiempo girando sobre la determinación y la disciplina que lleva al éxtasis del descubrimiento a través de la agonía de la búsqueda.

La curiosidad —el maestro que automáticamente desafía el 'statu quo'... que convierte a un niño abandonado en un Churchill, una muda sin esperanza en una Keller y un niño de campo en un Disney.

La curiosidad —la cualidad más frecuentemente aplastada en los niños por adultos apurados e inconscientes que ven a las preguntas como "interrumpciones" en vez de como el deseo ferviente de levantar las ruedas mentales del trillado camino de lo conocido.

¡Pero qué papel engañoso puede desempeñar! Si sacamos el cinturón de seguridad de los parámetros bíblicos, la curiosidad mandará a nuestro vehículo de aprendizaje en un rumbo de colisión, destinado al desastre. Tiene una manía de hacer que nos entrometamos en los asuntos ajenos, porque la curiosidad por naturaleza es intrusa. Se viste mal en la vestimenta más atractiva conocida por el hombre. Esconde las consecuencias condenables del adulterio tras el atavío seductor de la emoción, la música suave y el abrazo cálido. Disfraza los pesares del abuso de drogas y el alcoholismo vistiéndolos en los vaqueros y el pulóver de un apuesto y aventurero capitán de velero.

La curiosidad es el artículo más imprescindible para mantener ocupado y efectivo el mundo de lo oculto. Ella sola es motivo suficiente para los triunfos en cartelera de películas que enfatizan la violencia sádica o los encuentros demoníacos. Si se elimina la curiosidad del corazón *El exorcista* se convierte en un chiste de mal gusto... y aun la Iglesia de Satanás sería expuesta al ridículo.

¡*Pero no puede ser eliminada!* La curiosidad es tan parte de tu naturaleza humana como el codo es parte de tu brazo. Tu enemigo lo sabe y depende de ello. Empezó con Eva... y sigue contigo. Es un maestro de la negra arte del subterfugio, una forma elegante de decir que pone una trampa que hace que tu curiosidad se yerga, se incline y se meta. Recuerda que ha estado tendiendo trampas por mucho tiempo más del que las hemos estado esquivando. Si puede ponerle la carnada correcta al anzuelo —para provocar la suficiente curiosidad— *es sólo cuestión de tiempo.*

Santiago lo ve claramente y lo dice sin rodeos:

> Cuando alguno es tentado, no diga que es tentado de parte de Dios; porque Dios no puede ser tentado por el mal, ni él tienta a nadie; sino que

Curiosidad

cada uno es tentado, cuando de su propia concupiscencia es atraído y seducido. Entonces la concupiscencia, después que ha concebido, da a luz el pecado; y el pecado, siendo consumado, da a luz la muerte (Santiago. 1:13-15).

Por supuesto que no tenemos que ser víctimas de nuestra curiosidad insensata. Hay disponible una ayuda poderosa para guiarnos a través del laberinto de espejismos, trampas y minas de Satanás. Nuestro Salvador ya ha atravesado el camino que estamos siguiendo —y sabe cómo hacernos llegar ilesos.

Caminando a su lado puedes sacarte el monito de la espalda... sólo que esta vez el monito no se llama Jorge.

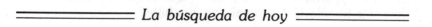

La búsqueda de hoy

El Espíritu versus la carne. Todos hemos visto la batalla. ¡Todos hemos experimentado la diferencia! Cuando la carne está en control hay comparación y lucha, agitación, irritación, fuerza y ofensa. Cuando el Espíritu, en cambio, es el que está en control, hay liberación y alivio... satisfacción profunda, gozo que perdura, amor constante, paz que no es pasajera. Adórale hoy en verdad y en Espíritu.

Lee Gálatas 5:16-26

Negligencia paterna

Y ¿cómo te llevas con tus hijos? Puede ser que esta pregunta no se aplique a ti, pero tengo la corazonada de que *muchos* de mis lectores todavía están en la etapa de criar y preparar. Así que para todos ellos va mi pregunta: *¿cómo andan las cosas?* ¿Qué palabra(s) tildarías para describir tu relación general con tus hijos?

__Desafiante   __Imposible   __Aventurera
__Apasionante __Tirante   __Desgarradora
__Iracunda   __Divertida   __Placentera
__Amenazadora __Impaciente   __Ocupada

Si quieres abrir los ojos a los hechos verdaderos, pídeles a tus hijos durante la cena que describan sus sentimientos acerca de ti y del hogar. Pero debería advertirte —¡puede que duela! Sin embargo, podría ser el primer paso en la dirección correcta hacia la restauración de la armonía y del amor genuino bajo tu techo. Hasta puede ser que quedes placenteramente sorprendido. Muchas veces los padres suelen ser más críticos de sí mismos de lo que hace falta.

No hace falta decir que tener un hogar cristiano no es ninguna garantía contra la discordia. La vieja naturaleza todavía puede estallar. Las nudosas raíces de los hábitos autocentrados pueden enredar las líneas de comunicación. Los principios bíblicos útiles pueden ser ignorados. Acepta la verdad, mi amigo. Detente ahora mismo y *piensa acerca de tu hogar.* Sería bueno apartar un tiempo durante los próximos meses para un solo propósito —el de evaluar la condición actual de tu hogar y poner

Negligencia paterna

en marcha los pasos necesarios para fortalecer los puntos débiles que descubras. La evaluación no sirve para nada si sólo conduce a un sentimiento de culpa y dolor. Parar ahí sería parecido a un cirujano que abandona la operación después de haber hecho la incisión. Todo lo que quedaría sería problemas continuados, mucho dolor y una fea cicatriz.

Permíteme alentarte a usar este período de tiempo como una oportunidad para acercarte a tus hijos . . . para tratar con las barreras que impiden que tu amor y afecto (y los de tus hijos) corran . . . para evaluar cuánto desarrollo de carácter se está llevando a cabo . . . para *enfrentar la realidad* antes de que esos puntos molestos se conviertan en una enfermedad doméstica permanente. ¡Guarda tu corazón de la negligencia! Tres casos bíblicos me vienen a la mente, casos que deberían aliviarte al darte cuenta que no estás solo en la lucha.

1. *Rebeca* —que prefirió a Jacob sobre Esaú . . . y lo usó para engañar a su padre, Isaac, lo cual precipitó un severo colapso familiar (Génesis 27).
2. *Elí* —que fue juzgado por Dios como consecuencia de su falta de disciplina y de firmeza cuando sus hijos empezaron a descontrolarse (1 Samuel 3:11-14).
3. *David* —que cometió el mismo pecado con su hijo Adonías al no frenarlo ni oponerse nunca durante su preparación temprana (1 Reyes 1:5, 6).

Como ves, nadie es inmune . . . ni siquiera los personajes bíblicos. Ni siquiera *tú*. Así que, ¡adelante! Deja de consentir tu negligencia paterna. Si este breve capítulo te impulsa a actuar, habrá logrado su propósito.

Al acercarme al final de esta primera sección, permítaseme citar un extracto de un artículo publicado hace años por la Cámara de Comercio de los Estados Unidos. Es una lista de doce reglas acerca de:

COMO CRIAR A SU HIJO PARA QUE LLEGUE A SER UN DELINCUENTE

1. Mientras su hijo todavía es niño, déle todo lo que quiera. En esta forma llegará a pensar que el mundo debe mantenerlo cuando sea grande.
2. Cuando empiece a copiar malas palabras y chistes "verdes", ríase, aliéntelo. Al crecer adquirirá frases aún más simpáticas que lo dejarán mudo de asombro.
3. No le dé nada de preparación espiritual. Espere hasta que tenga veintiún años y que decida por sí mismo.
4. Evite el uso del término *malo*. Le dará un complejo de culpa a su hijo. Puede condicionarlo para creer más adelante, cuando se lo arresta por robar un auto, que la sociedad está en contra suya y lo está persiguiendo.
5. Levante sus cosas —libros, zapatos y ropa. Hágale todo para que tenga experiencia en cargar toda la responsabilidad sobre los demás.
6. Déjele leer todo lo que caiga en sus manos . . . [ni siquiera piense en controlar los programas que ve por televisión]. Esterilice los cubiertos pero deje que su mente se sacie de basura.
7. Discuta frecuentemente con su cónyuge en presencia de su hijo. Entonces no se sentirá muy sorprendido cuando se desmiembre su hogar más adelante.
8. Satisfaga su menor deseo por comida, bebida y confort. Debe gratificarse todo deseo sensual; la negación puede llevar a frustraciones dañinas.
9. Déle todo el dinero que quiera para gastar. No se lo haga ganar. ¿Por qué tiene que soportar todo lo que usted ha tenido que soportar?
10. Póngase del lado de su hijo en contra de vecinos, maestros y policías. Todos ellos están en contra de él.
11. Cuando se mete en verdaderas dificultades, excúsese a usted mismo diciendo que nunca

pudo manejarlo; que simplemente es una mala semilla.
12. Prepárese para una vida de congoja.

Está bien, está bien... a lo mejor es un poco sarcástico. Pero antes de pasar de largo, échale un buen vistazo. ¿Cómo van las cosas con tus hijos?

================ La búsqueda de hoy ================

En verdad el lugar en el cual la vida se decide es el hogar. Es allí —con los miembros de la familia— que formamos nuestras convicciones sobre el yunque de las relaciones. Allí es donde cultivamos las cosas valiosas de la vida, como las actitudes, los recuerdos, las creencias y sobre todo, el carácter. Dale gracias hoy a Dios por su ayuda en usar a tu hogar para el desarrollo de esas cosas esenciales. Alábale también por el "hogar" en medio de su pueblo, aquella gran familia de familias conocida como su iglesia.

Lee Deuteronomio 6:1-9.

Belleza... a la distancia

¿Esto es Los Angeles? La nieve recién caída ha cubierto la cadena de montañas que bordean la cuenca de Los Angeles al noreste. Tuve mi primer vistazo mientras manejaba a la oficina en esta mañana de febrero. ¡Se pensaría que estamos al borde de los Alpes! Al pasar por sobre una colina encontré que estaba sonriendo y diciendo en voz alta: "¡Hermoso!"

Generalmente una densa capa de aire contaminado tapa esa vista, pero la lluvia de anoche despejó el cielo dejándolo transparente como un cristal, dándonos un día especial para disfrutar la cadena emblanquecida, cuya nieve ahora baja hasta el nivel de los 650 metros. De una distancia de ciento veinte kilómetros, las montañas *son* hermosas.

Sin embargo, ayer fue distinto; tan distinto como el día y la noche. Temprano por la mañana Cynthia y yo habíamos decidido disfrutar algunas horas juntos cerca del Lago Arrowhead, una apacible aldea anidada en una grieta de aquellas montañas a unos 2.000 metros de altura. Las nubes se veían un poco amenazantes antes de salir, pero nada del otro mundo. Una buena caminata a cierta altura sería refrescante y estimulante... un placer largamente postergado. Así que nos abrigamos y salimos. Lo que encontramos fácilmente podría ser material para uno de esos artículos del *Selecciones del Reader's Digest,* tipo aunque-usted-no-lo-crea, pero no me voy a molestar en enviarlo. Te contaré un poco ya que toda esa pesadilla conlleva unas lecciones tremendas.

Cuando llegamos a los 1.500 metros la estrecha Ruta 18 empezaba a acumular polvo blanco. La temperatura estaba alrededor de los cero grados centígrados, la capa de nubes estaba espesa y el viento había aumentado considerablemente. Podría haber regresado entonces —y debería haberlo hecho— pero estábamos sólo a unos quince minutos de nuestro destino. Seguimos. La tormenta sorpresiva les había llamado la atención a los habitantes de Arrowhead, pero a nosotros en realidad nos había asustado. Cada vez se iba haciendo más obvio que las cosas no iban a mejorar, así que decidimos cancelar la visita. El viento ya estaba aullando y la nieve se arremolinaba a nuestro alrededor. Desilusionados, nos volvimos a meter en el auto y empezamos un viaje que nunca olvidaremos, aunque compartamos treinta y dos años *más* como marido y mujer. Una breve conversación me atormentó durante el trecho siguiente. Se había llevado a cabo antes de salir:

—¿No deberíamos comprar cadenas para las ruedas? —preguntó ella.

—No; no habrá ningún problema —contestó él.

—¿Estás seguro? Tenemos que volver cuesta abajo todo el camino —le recordó ella.

—No te preocupes, querida. Saldremos de esto en un momento —mintió él.

Una hora y media después (que pareció más bien una década increíble) llegamos a San Bernardino. Entre los 2.000 metros y el nivel del mar, sólo el Señor y nosotros sabemos lo que ocurrió. He manejado desde los catorce años. He estado en todas las situaciones imaginables —solo o con un auto lleno de niños, en el desierto o en la montaña, en el medio de la noche o bajo un sol implacable, en un auto deportivo o en una casa rodante de doce metros, cruzando el pueblo o cruzando el continente, en la niebla o en la lluvia o en el granizo —pero *nunca* he pasado noventa minutos más espeluznantes en mi vida. No había pecado —mortal ni venial, de pensamiento, de palabra o de hecho— que no confesé. No había oración que no usé. No había un versículo que no reclamé. ¿Sabes cómo la gente dice que al ahogarse toda la vida pasa delante de los ojos? Puedo asegurarte que lo mismo pasa al coletear cuesta abajo en una ruta montañosa, sinuosa, helada y angosta, probando todas las maniobras conocidas por el ser humano sólo para evitar el choque con otro vehículo o con la montaña misma . . . o la caída al precipicio.

Belleza... a la distancia

Según su famosa canción, Tony Bennett puede haber "dejado su corazón en San Francisco", pero nosotros dejamos nuestro estómago, riñones, hígado y vejiga por toda aquella traicionera Ruta 18. El volante tiene marcas que no estaban allí hace dos días. Y si alguno se atreve a preguntarme si pienso comprar cadenas para las ruedas, le aviso de antemano que le romperé la nariz. Créeme, este testarudo ha aprendido la lección... para siempre. Todo aquel con sangre Swindoll tendrá cadenas para las ruedas. ¡Hasta voy a ver si hacen cadenas para bicicletas y triciclos!

Hay otra lección, y la recordaré cada vez que vea una hermosa cadena de montañas cubiertas de nieve. Puede verse hermosa desde lejos, pero cuando uno se acerca descubre una escena completamente distinta. Detrás de esa hermosura hay viento helado, vientos ululantes, nieve enceguecedora, caminos helados, miedos desnudos y peligros inenarrables. La distancia alimenta la fantasía. Cualquier cadena de montañas se ve más bella desde una calle asoleada a ciento veinte kilómetros de distancia. Con razón los artistas pintan aquellas tan apreciadas escenas de grandeza imponente... ¡la mayoría de ellos lo hacen en estudios abrigados y seguros de la ciudad! Si se los pusiera en el asiento trasero de un vehículo donde todo es borroso y la sobrevivencia es la única meta, te garantizo que el lienzo tendría otro aspecto.

Hay otra lección más personal. Desde la distancia todos somos gente bella. Bien vestidos, linda sonrisa, amistosos, cultos, controlados, en paz. Pero ¡qué cuadro tan distinto se revela cuando alguien se acerca! Lo que parecía tan plácido es en realidad una mezcla: caminos sinuosos de inseguridad, ráfagas exasperantes de lascivia, avaricia, autoindulgencia, senderos de orgullo cubiertos de una capa resbaladiza de hipocresía; todo esto envuelto en una nube de temor de ser descubiertos. Desde la distancia deslumbramos... de cerca estamos empañados. Un grupo suficientemente grande de nosotros puede llegar a parecerse a una imponente cadena de montañas. Pero cuando se llega a las grietas... se descubre que no somos ningunos Alpes.

Estoy convencido que es por esto que nuestro Señor significa tanto para nosotros. El escudriña nuestro camino. Está íntimamente familiarizado con todos nuestros senderos. La luz y la oscuridad son iguales para él. Ninguno de nosotros está escondido de su vista. Todas las cosas están abiertas y descubiertas ante él: nuestro secreto más oscuro, nuestra vergüenza más profunda, nuestro pasado tormentoso, nuestro peor pensamiento, nuestro motivo escondido, nuestra imaginación más vil . . . aun nuestros intentos vanos por tapar lo feo con la blanca belleza de la nieve. El se acerca. Lo ve todo. Conoce nuestro marco. Recuerda que somos polvo. Y lo mejor de todo, nos sigue amando.

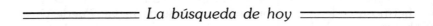

La búsqueda de hoy

Es impresionante darse cuenta que el día de hoy estaba en la mente y en el plan de Dios mucho antes de que esta tierra fuera creada. Sabía que tú estarías donde estás en este preciso instante, viviendo tus circunstancias actuales, enfrentando el tipo de presiones que estás soportando . . . y experimentando este momento de reflexión tranquila. Inclínate y dale las gracias. Entrégale los controles de tu vida. Admite tus debilidades, tu hipocresía, tu tendencia a preocuparte, tu necesidad profunda de su presencia y consejo en tu vida. Toma algunos minutos ahora mismo para preocuparte solamente por él . . . que amantemente te ha hecho caer de rodillas.

Lee el Salmo 32.

SEGUNDA PARTE

Segunda parte

ENTREGA TU CORAZON

Todos hemos visto a gente que lleva una vida defensiva. Tiene ese aspecto... siempre protegiéndose, alerta, cautelosa. De alguna manera siente la necesidad de frenarse por temor de que se aprovechen de ella. Aun la gente con las mejores intenciones puede llegar a exagerar el valor de estar alerta. La señal de que se ha llegado a ese punto es el desarrollo de una mentalidad de perro guardián a la cual le faltan la vulnerabilidad de la apertura y los riesgos del amor.

Para equilibrar el carácter hace falta más que *guardar* el corazón. Es la otra cara de la moneda que nos hace auténticos ... también hace falta *entregar* el corazón. El frenarse por miedo a quemarse puede parecer lo más seguro pero a la larga es letal.

Nadie lo ha dicho mejor que C.S. Lewis:

... amar es ser vulnerable. Desde el momento en que amamos nos exponemos a sufrir y a que se nos destroce el corazón. Si deseáis que vuestro corazón permanezca intacto, no deis vuestro corazón a nadie, ni siquiera a un animal. Envolved cuidadosamente vuestro corazón a base de *hobbies* y pequeños lujos; evitando todo enredo, encerrándolo en un cofre o en el ataúd de vuestro egoísmo, pero aún dentro de ese cofre, oscuro, seguro, inmóvil y sin aire, cambiará. No se romperá, se volverá irrompible, impenetrable e irredimible... El único sitio fuera del cielo donde podamos estar perfectamente a salvo de los peligros y las confusiones del amor es en el Infierno.[19]

Hay mucho más en la vida que la seguridad. La Biblia está llena de exhortaciones e ilustraciones que indican la importancia de sacar los frenos, ser uno mismo, dar lo que se pueda.

La búsqueda del carácter maduro requiere que regalemos grandes pedazos de nuestra vida. De hecho, las Escrituras prometen que seremos recompensados en la misma medida en que nos damos a los demás.

Un corazón permanentemente cerrado mantiene alejada a la gente. Un corazón que se arriesga a estar abierto la invita a pasar, no tiene nada que esconder, promueve la generosidad, impulsa la vulnerabilidad, demuestra amor. Si quieres que al irte este mundo sea un lugar mejor del que era cuando llegaste, tendrás que entregar tu corazón.

Las páginas que siguen te animarán a hacer justamente eso.

---

19. C.S. Lewis, *Los cuatro amores*, trad. Rhode de Ward (Miami, Fla.: Editorial Caribe, 1977), págs. 117, 118.

Dar con placer

Cuando el corazón anda bien los pies son veloces.

Así lo expresó Tomás Jefferson hace muchos años. Hay otras maneras de decir lo mismo: Un espíritu alegre hace que no sea pesado dar. Una actitud positiva hace que el sacrificio se convierta en un placer. Cuando la moral es alta la motivación es fuerte. Cuando hay gozo en la vida interior, ningún desafío parece demasiado grande. La grasa del gusto lubrica los engranajes de la generosidad.

¿No has notado lo contagioso que es un espíritu así? No sólo nosotros sentimos el viento a nuestras espaldas sino que los demás también. Y cuando estamos rodeados de esa dinámica, nos envuelve una nueva oleada de determinación. ¡Es imparable!

Un buen amigo me regaló hace poco un librito llamado *Discursos de la Gran Guerra* (Great War Speeches)... una compilación de los discursos más emocionantes de Sir Winston Churchill. Ya había leído la mayoría pero al releerlos durante los últimos dos o tres días me encontré nuevamente estimulado... a hacer mejor las cosas, llegar más alto, dar medidas más grandes de mí mismo. Al describir guerreros valientes dijo:

> Cada mañana trajo un noble cambio
> Y cada cambio trajo un noble caballero.[20]

Me recuerda las palabras de David después de que Arauna le ofreció al rey una de sus posesiones gratis. "No, sino por precio te lo compraré; porque no ofreceré a Jehová mi Dios holocaustos que no me cuesten nada" (2 Samuel 24:24). David rechazó la limosna.

Me encanta la aplicación que hizo el gran predicador John Henry Jowett de las palabras de David: *"El ministerio que no cuesta nada no logra nada"*. Hace demasiado tiempo que el pueblo de Dios ha flotado a la deriva soñando pasivamente con que las cosas cambien. Y ya que estamos en esto, sugiero que nos divirtamos. ¡Hagámoslo con gusto!

¿Puedes recordar lo que Pablo dice en la segunda epístola a los Corintios? Tal vez sea la referencia fundamental en las Escrituras que vincula el gozo con el dar. "Cada uno dé como propuso en su corazón: no con tristeza, [la palabra significa: 'de mala gana'] ni por necesidad ['sintiéndose forzado por lo que los demás puedan decir o pensar'], porque Dios ama al dador alegre" (2 Corintios 9:7). Recordemos que ese término *alegre* viene de la palabra griega *hilaros*, de la cual derivamos nuestra palabra *hilarante*. Y va primero en la versión original. Literalmente dice "porque el dador *hilarante* es preciado por Dios". ¿Por qué? Porque los dadores hilarantes tienen pies veloces. ¡Dan con gusto!

* Cuando los israelitas se dieron a sí mismos y a sus posesiones para la construcción del tabernáculo en el desierto, su gusto fue tan evidente que hubo que decirles que no dieran más (Exodo 36:6, 7).
* Cuando la gente de Jerusalén se unió a Nehemías para construir aquel muro, su gusto resultó en un logro sin precedentes (Nehemías 2:17, 18, 4:6, 6:15, 16).
* Cuando Jesús desafió a sus seguidores a no ser egoístas, les enseñó que es más bienaventurado dar que recibir, conectando el gozo con nuestras inversiones económicas en las cosas eternas (Hechos 20:35).

¿Quieres recapturar el gusto? ¿Quieres convertirte en un "noble caballero" en la mesa redonda de la generosidad? Permíteme darte cuatro sugerencias sencillas. A mí me dan resultado.

Dar con placer

1. *Reflexiona sobre lo que Dios te ha dado.* ¿No ha sido bueno? Mucho más de lo que merecemos. Buena salud. Una familia feliz. Alimento, ropa y techo adecuados. Buenos amigos... y tanto más.
2. *Recuerda sus promesas en cuanto a la generosidad.* Piensa en algunos principios bíblicos que prometen los beneficios de la siembra abundante. No te olvides que las cosechas abundantes son la especialidad de Dios.
3. *Examina tu corazón.* Nadie puede hacerlo por ti. Abre esa bóveda privada y hazte varias preguntas difíciles, como, por ejemplo:
   * ¿Doy en proporción a lo que gano?
   * ¿Estoy motivado por la culpa... o por un gozo contagioso?
   * Si otro supiera cuál es mi nivel de dar a la obra de Dios, ¿sería yo un buen modelo?
   * ¿He orado acerca de lo que doy... o sólo reacciono impulsivamente?
4. *Confía en que el Señor honra la generosidad constante.* Este es el paso grande, pero es esencial ¡Anímate! Cuando realmente sientas que Dios te está guiando a hacer una contribución significativa —libera los frenos y desarrolla el hábito de la generosidad. ¡Dudo seriamente que la generosidad haya lastimado a mucha gente!

Como el pueblo de Dios, tenemos enormes desafíos económicos por delante, ¿verdad? Pero las metas magníficas son alcanzables... si nuestro espíritu se mantiene alegre... si nuestro ánimo permanece alto. La búsqueda del carácter maduro incluye la generosidad. Hagamos que este año sea el mejor. Demos a la obra de nuestro Señor como no lo hemos hecho nunca antes. Con gran gusto. Con gozo contagioso. Con ofrendas sobresalientes de naturaleza sacrificante, como los nobles caballeros de antaño.

Si nuestro corazón anda bien, nuestros pies serán veloces.

La búsqueda de hoy

No permitas, Señor, que nuestras raíces se arraiguen demasiado firmemente en esta tierra, que nos enamoremos de las cosas. Ayúdanos a comprender que el peregrinaje de esta vida es sólo una introducción, un prefacio, un entrenamiento para lo que está por venir. Entonces veremos toda la vida en su verdadera perspectiva. Entonces no nos enamoraremos de las cosas temporales, pero llegaremos a amar las cosas que perduran. Entonces seremos salvos de la tiranía de las posesiones que no tenemos tiempo de disfrutar, de la prosperidad cuyo cuidado llega a ser una carga. Danos, te rogamos, el valor de simplificar nuestra vida.[21]

—-Peter Marshall

Lee Exodo 35:3-9, 20-29; 36:2-7.

---

20. Sir Winston Churchill, "A Colossal Military Disaster" (Un desastre militar colosal), discurso ante la Casa de los Comunes, 4 de junio de 1940, *Great War Speeches* (Discursos de la Gran Guerra) (London: Corgi Books, división de Transworld Publishers Ltd. 1957), pág. 22.

21. Peter Marshall, *The Prayers of Peter Marshall*, (Las oraciones de Peter Marshall) edición y prefacio de Catherine Marshall (New York: Carmel New York Guidepost Associates, Inc., 1949), pág. 33.

Dos minutos memorables

La profundidad, no la duración, es lo importante. No cuánto tiempo se hable sino cuánto se diga. No cuán rebuscado ni elocuente suene sino lo sincero y conciso de lo que se diga . . . eso es lo importante . . . eso es lo que se recuerda. Dos minutos memorables pueden tener más efecto que dos horas maratonescas.

Entra al túnel del tiempo y acompáñame a un campo en Pennsylvania. El año es 1863. El mes es julio. El lugar es Gettysburg. Hoy es una serie de apacibles colinas llenas de marcadores y memorias. Pero entonces era un campo de batalla . . . más horrible de lo que nos podamos imaginar.

Durante los primeros días de aquel mes unos 51.000 fueron muertos, heridos o desaparecidos en lo que resultaría ser la victoria decisiva de la Unión en la Guerra Civil de los Estados Unidos. Los gritos angustiados de los heridos y moribundos formaban un coro de gemidos mientras los pacientes eran llevados a mesas de operaciones improvisadas. Una enfermera anotó estas palabras en su diario: "Por siete días la sangre literalmente corría en las mesas". Las carretas y carretillas se llenaban con piernas y brazos amputados y se vaciaban y enterraban los restos en una zanja profunda. Los predicadores citaban el Salmo 23 vez tras vez lo más rápidamente posible mientras valientes soldados exhalaban su último suspiro.

Las secuelas de una batalla son siempre horribles pero éstas eran de las peores. Se propuso un cementerio nacional. Se planeó un servicio de consagración. Se fijó una fecha: el 19 de noviembre. La comisión invitó nada menos que al elocuente Edward Everett a pronunciar el discurso dedicatorio. Conocido por su cultura, su fervor patriótico y su popularidad, el orador, un antiguo diputado y gobernador del Estado de Massachusetts, era el candidato natural para la histórica ocasión. Como era de preverse, aceptó. En octubre el presidente Lincoln anunció su intención de asistir a la ceremonia. Esto sorprendió a los miembros de la comisión, quienes no habían pensado que el señor Lincoln dejara la capital en tiempo de guerra. ¿Ahora cómo podrían dejar de invitarle a hablar? Estaban nerviosos, sabiendo cuánto mejor orador era Everett que Lincoln. Por cortesía, le escribieron al Presidente el 2 de noviembre, pidiéndole que pronunciara "algunas pocas palabras apropiadas". Sin duda Lincoln sabía que la invitación era una idea tardía, pero importaba poco. Cuando la batalla de Gettysburg había comenzado, él se había arrodillado y le había suplicado a Dios que no dejara que el país pereciera. Sentía que Dios había contestado su oración. Su único interés era el de resumir lo que tan apasionadamente sentía por su amado país.

Con tan poco tiempo de preparación antes del día de la dedicación, Lincoln estaba preocupado por su discurso. Le confió a un amigo que los preparativos no iban bien. Finalmente se vio obligado a aceptar su "discurso mal preparado". Llegó a Gettysburg el día antes de la ceremonia para asistir a una cena importante. Con Edward Everett rodeado de admiradores del otro lado de la sala, el Presidente debe haberse sentido todavía más nervioso. Se disculpó de las actividades posteriores a la cena para volver a su habitación y trabajar un rato más en su discurso.

A la medianoche llegó un telegrama de su esposa: "El médico se acaba de ir. Esperamos que Taddie esté un poco mejor". Su hijo, Tad, de diez años, se había enfermado de gravedad el día anterior. Ya que el Presidente y su esposa habían perdido dos de sus cuatro hijos, la señora de Lincoln había insistido que su esposo no se fuera. Pero él se había sentido obligado a ir. Con el corazón turbado, extinguió las luces en su cuarto y luchó con el sueño.

Alrededor de las nueve de la mañana siguiente Lincoln copió su discurso en dos pequeñas páginas y las guardó en su bolsillo . . . se puso el sombrero, se puso los guantes y se unió a la procesión de dignatarios. Apenas podía soportar la vista de los campos ensangrentados, depositarios de los restos de la vida de

Dos minutos memorables

tantos hombres... una cantimplora abollada, una fotografía rota, una bota, un rifle roto. El señor Lincoln fue sobrecogido por la congoja. Las lágrimas le corrieron por las mejillas hasta la barba.

Poco después de que el capellán del Senado hubiera hecho la invocación, Everett fue presentado. El gran hombre tenía sesenta y nueve años y sentía algo de miedo de olvidar su largo discurso memorizado, pero una vez que empezó, todo salió fluidamente. Sus palabras resonaron por el campo como campanas de plata. Conocía su oficio. Fluctuación vocal. Tono. Gestos dramáticos. Pausas elocuentes. Lincoln lo miraba fascinado. Finalmente, una hora y cincuenta y siete minutos después, el orador se sentó mientras la multitud vociferaba su aprobación entusiasta.

A las dos de la tarde Lincoln fue presentado. Al pararse se volvió nerviosamente al secretario Seward y le murmuró: "No les va a gustar". Se puso los anteojos de acero, sostuvo las dos páginas con la mano derecha y la solapa con la izquierda. No movió los piez ni hizo ningún ademán. Su voz, alta, casi chillona, cubrió la multitud como un bugle de bronce. Estaba serio y triste al comienzo... pero después de varias oraciones la cara y la voz cobraron vida. Al decir: "el mundo poco notará ni recordará por largo tiempo...", casi se le quebró la voz, pero se controló y siguió fuerte y claramente. La gente escuchaba en punta de pie.

De repente, había terminado.

No más de dos minutos después de haber comenzado, paró. Su discurso había sido tan parecido a una oración que casi parecía inapropiado aplaudir. Al sentarse el Presidente, John Young del periódico *Philadelphia Press* le preguntó en voz baja:
—¿Eso es todo? El Presidente le contestó: —Sí, es todo.

Han pasado más de ciento veinte años desde aquel evento histórico. ¿Puede alguien recordar *una línea* del discurso de dos horas pronunciado por Everett en Gettysburg? La profundidad, recuerda, y no la duración, es lo importante. Los dos minutos de Lincoln se han convertido en dos de los minutos más memorables de la historia de la nación.

Algunos de los que están leyendo estas palabras han sentido la necesidad de pasar más tiempo en conversación con su Padre celestial este año. Aun al considerarla, sin embargo, se han convencido de que no tienen tiempo. Después de todo, no son gigantes espirituales y ¿qué se podría lograr en esos bloques de diez, cinco o *dos minutos* de tiempo que dispone? Podrían llegar a sorprenderse. Con Dios, las posibilidades son ilimitadas. Recientemente oí hablar de un líder juvenil que llegó por error al aula universitaria donde debía hablar, media hora antes de tiempo. Como no soportaba perder el tiempo, empezó a dar vueltas. ¿Qué iba a hacer durante esos treinta minutos? Y bueno, pensó, *supongo que podría orar.* Lo hizo. Y la visión que Dios le dio para la juventud durante esa media hora sigue ardiendo en su alma hasta el día de hoy. Su ministerio toca a decenas de miles de adolescentes todos los años.

La historia no nos dejará olvidar el día en que un hombre logró más en dos minutos de lo que logró el otro en dos horas. ¡Cuánto más deberíamos dejar de subestimar el poder de "dos" minutos con Dios!

¿Y qué si sólo dispones de pocos minutos? Inviértelos en conversación con tu gran Dios. ¡Entrega tu corazón en devoción plena! El tiempo es como el carácter; es la profundidad que cuenta a la larga.

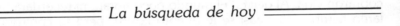

La búsqueda de hoy

John R. W. Stott una vez admitió la verdad que muchos de nosotros hemos dejado de confesar: "La cosa que sé que me dará el gozo más profundo —estar solo y tranquilo en la presencia de Dios, consciente de su presencia, con el corazón abierto para adorarle— frecuentemente es la cosa que menos quiero hacer." Hoy nuestro Señor viviente te da la bienvenida a su presencia. Aunque puedas admitir cierto desgano, Dios sin embargo espera aquellos pocos momentos preciosos cuando levantas tu cara y tu corazón hacia él.

Lee el Salmo 100; Hebreos 10:19-25.

Perdedores

Fue un contraste de proporciones increíbles. Me estoy refiriendo a dos escenas consecutivas en las cuales nos encontramos involucrados mi esposa y yo el sábado pasado... desde lo sublime hasta lo ridículo. Literalmente.

Escena 1: Elegante, decorosa, formal, artística, calmada, hermosa, amable. Dos de los mejores artistas tocaron a la perfección el órgano de tubos de nuestra iglesia ante un público de amantes de la música que apreciaban las cosas finas y comprendían las cosas técnicas. Como "cuádruple consola manual" y "sistema de memoria cuádruple" y la diferencia entre las filas de tubos y los registros... entre un "pistón general" y un "pedal crescendo". Me refiero a una distinguida concurrencia de talentosos artistas y conocedores de la música.

Escena 2: Ruidosa, tumultosa, rústica, en el piso, en ropa vieja, comiendo pollo con las manos... mirando una pelea por televisión entre un boxeador corpulento y campeón y su desafiante mucho más pequeño, en la casa de nuestro hijo mayor. La sala estaba llena de un grupo completamente diferente —ni una persona del cual parecía estar interesada por un pedal de expresión balanceado. No recuerdo que nadie nos haya preguntado siquiera por el tubo Vox Humana de ocho pies ni por el empalme de aumento de dieciséis pulgadas. La conversación estaba reducida a la diferencia de alcance y la ventaja de peso. En vez de aplauso discreto había explosiones de gritos ensordecedores.

Usted quizá haya escuchado de los que prefieren "pelear en vez de cambiar". Pues bien, nosotros tuvimos que cambiar para la pelea. Hasta nos pusimos nuestros pantalones vaqueros. Por alguna razón, un traje elegante y una grasosa baqueta de tambor no combinan.

¡Fue una locura! Mientras me encontraba sentado entre la mesa de centro y el sofá con mi nieta Chelsea sobre las piernas, y un muslo de pollo en la mano, descubrí que estaba disfrutando el contraste enormemente. De repente me sentí intrigado por el hecho de que había gente en salas familiares, bares y autos por todo el país gritando y saltando por un par de tipos que ni siquiera conocía. Y era probable que la mayoría estábamos alentando al mismo chico que se había atrevido a subirse al ring con esa bestia masiva cuyo récord era de 48 victorias y 0 derrotas. A ninguno de los boxeadores le importaba nada relacionado con tubos de flauta armónica o pistones de seis dedos o pedales de aumento. Tenían un solo objetivo aquel caluroso sábado por la noche —el de ganar. Y cualquiera con un poco de cerebro decía que el ganador iba a ser el campeón, no el desafiante.

Eso es lo que la mayoría siempre dice.

* Wellington no tiene ninguna oportunidad en contra de Napoleón.
* ¿"Deportivo Pueblito" sobre el "Santos"? ¡No me hagan reír!
* Gran Bretaña nunca aguantará la Luftwaffe de Hitler.
* El equipo de hockey de los EE.UU. jamás podrá vencer a los soviéticos.
* ¿Un montón de rebeldes indisciplinados humillar a Inglaterra?
* ¿"Carrozas de fuego" ganar el Oscar?
* ¿Un campesino autoeducado convertirse en el Presidente de los EE.UU.?
* ¿Una monja desconocida de Calcuta ganar el Premio Nobel?

¡Recuerdos del Valle de Ela! Israel atemorizado versus Filistea brutal. Nadie dudaba el resultado de la pelea. Goliat ni tendría que esforzarse. Aquel pequeño belenita trepando la ladera debe haber parecido una garrapata en la panza de un oso. Una abeja molestando a un behemot. ¿Quién podría haber adivinado el resultado? ¿Pero quién no lo ha aplaudido?

Nos encanta cuando el presunto perdedor obtiene el premio. Bien adentro nuestro hay una sala privada donde irrumpe la celebración cuando las probabilidades se ven vencidas. Cuando el estudiante le gana al experto. Cuando la camioneta le gana al Porsche. Cuando un desafiante sonriente con un brillo en los ojos supera a un campeón malhumorado que se ha convertido, en las palabras del periodista Jim Murray, en "un luchador atrapado en la jaula de su propia y agria hostilidad". El desafiante lo logró con el más pequeño de los márgenes —y la sala explotó. Maní, huesos de pollo, papas fritas —todo voló por el aire. Todos saltaron y gritaron y se rieron ... menos Chelsea. Ella lloró. No entendía.

Algún día lo hará.

A medida que crezca y que el verdadero carácter vaya emergiendo en su vida, irá aprendiendo las leyes tácitas de la sociedad, que incluyen cosas tales como "la justicia poética" y "una mano lava la otra". Y empezará a ver cómo se cumplen las palabras de Salomón:

> ... ni es de los ligeros la carrera, ni la guerra de los fuertes, ni aun de los sabios el pan, ni de los prudentes las riquezas, ni de los elocuentes el favor... (Eclesiastés 9:11).

Algún día la pequeña Chelsea aprenderá acerca del perdedor de los perdedores. Descubrirá que un pequeño bebé llamado Jesús nació en el peor de los medios para salvar a la gente de sus pecados. Un contraste de proporciones increíbles —¡el largamente esperado Mesías en un humilde establo! Y ella sonreirá al creer en él. Tal vez hasta se ría cuando se lo cuente a su abuelo. En lo profundo de mi "sala" me regocijaré. Tal vez hasta oiga una bellísima música de órgano.

Y mientras ella se sienta sobre mis piernas y ría, yo lloraré.

La búsqueda de hoy

"... he aprendido a contentarme, cualquiera que sea mi situación", escribió el gran apóstol Pablo (Filipenses 4:11). Hoy puedes encontrarte en una situación muy difícil. Puedes estar hirviendo de preocupación y malestar. Toma el tiempo para leer Filipenses 4, notando especialmente los versículos 6 y 7. Lee esos versículos una segunda vez, más lentamente. Al buscar a tu Señor hoy, dale tu ansiedad. Pídele su paz, el mismo contentamiento "cualquiera sea mi situación" que tenía Pablo.

Intercesión

Ya sé; ya sé. Has oído a muchas personas hablar sobre este tema. Tal vez hasta el domingo pasado. Oíste... ¿pero realmente escuchaste? Oír es la habilidad de discriminar vibraciones sonoras transmitidas al cerebro. Escuchar es darle sentido a lo oído. Sé sincero; ¿entendiste lo que esas palabras sobre la oración querían decir?

Y encima de todo está el factor "pérdida de memoria". ¿Sabías que *inmediatamente* después de que la mayor parte de la gente oye hablar a alguien, sólo recuerda la mitad de lo dicho? Dentro de dos semanas sólo queda un cuarto —y parte de eso está borroso.

Cerca del final de 2 Tesalonicenses 1, Pablo admite que "oramos siempre por vosotros". Cuando oramos por alguien, *intercedemos*. Eso significa que nos involucramos mentalmente en su mundo al hacer contacto deliberadamente con Dios en nombre de él. Es cierto que éste es sólo un aspecto de la oración, ¡pero es un aspecto muy importante!

Sé honesto... ¿estás practicando esta actividad acerca de la cual has oído tantos sermones? ¿Sabes por dónde comenzar?

Empecemos con una lista... nombres específicos de personas y entre paréntesis podríamos escribir por lo menos una necesidad que conozcamos. Pongamos a ambos del lado izquierdo de una tarjeta o una hoja. Dejemos lugar del lado derecho para las respuestas. Se puede dejar un lugar para la fecha en la cual Dios contesta el pedido. Por ejemplo:

LA BUSQUEDA DEL CARACTER MADURO

NOMBRE/NECESIDAD	RESPUESTA	FECHA
Bárbara (cirujía)	Exito/todavía hay dolor	10/3
Felipe (examen)	¡Le fue bien!	17/3
Mamá y papá (¿mudanza?)	Todavía inciertos	
Pablo y María (retiro de matrimonios)	Comunicación mejorada	14-16/3
Marisa (entrevista para empleo el lunes que viene)		

El domingo por la tarde es un buen momento para reflexionar sobre la tarjeta y ponerla al día. Puede ser que necesites una nueva. A lo mejor hace falta una llamada telefónica para saber cómo está obrando Dios. Ten la lista a mano y mientras estás esperando para ser atendido o yendo al almacen o buscando a los niños, repásala... involúcrate... ¡intercede! Créeme, esto te dará toda una dimensión nueva en tu caminar con Cristo. Te sacará definitivamente de tu propio mundo personal.

Mientras estaba leyendo una porción de 1 Samuel esta semana, me encontré con un pasaje de las Escrituras que ilustra tan gráficamente el valor —la importancia esencial— de orar por otros.

Samuel está hundido hasta las orejas. Su nación está viviendo un período transitorio, incierto. El pueblo ha pedido un rey y lo ha conseguido. Le tocó a Samuel enfrentarlo... y decirle lo poco sabio de su urgencia testaruda para ser "como todas las otras naciones". El pueblo vio la insensatez de su decisión *después* del hecho (¿no es casi siempre así?). Encima de su culpa, fue testigo de que el Señor mandara truenos y lluvia ese mismo día, lo cual sólo intensificó sus temores.

¿Y después qué? ¿Podía seguir, después de semejante error? Sabiamente le hizo el pedido correcto a Samuel:

Intercesión

... Ruega por tus siervos a Jehová tu Dios, para que no muramos; porque a todos nuestros pecados hemos añadido este mal de pedir rey para nosotros (1 Samuel 12:19).

El generoso Samuel debe haber sonreído al asegurarles:

... lejos sea de mí que peque yo contra Jehová cesando de rogar por vosotros... (versículo 23).

Ya había estado orando por ellos, así que prometió no parar. Hacerlo sería "pecar contra Jehová". Aquellos que están a la búsqueda del carácter maduro lo consideran como algo importante.

No hay participación más significativa en la vida de otro que la de la oración constante y prevaleciente. Ayuda más que el regalo de dinero, anima más que un fuerte sermón, es más eficaz que un cumplido, es más reconfortante que un abrazo físico.

Lejos sea de nosotros pecar contra el Señor dejando de orar los unos por los otros. Ya sé; ya sé. Has oído hablar de la oración toda la vida. Se te ha animado a entregar el corazón en intercesión fiel. Pero la pregunta es ésta: ¿Lo estás haciendo?

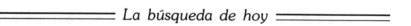

La búsqueda de hoy

"Amo a Jehová, pues ha oído mi voz y mis súplicas; porque ha inclinado a mí su oído; por tanto, le invocaré en todos mis días" (Salmo 116:1, 2). El salmista declara que su amor por Dios está animado por su disposición a escuchar cuando ora... y a responder a sus necesidades. ¿Tienes necesidades hoy? ¿Estás entre la espada y la pared? ¿Molesto e inquieto? ¿Desconcertado acerca del futuro? ¿Ansioso por una relación conflictiva? ¿Apesadumbrado porque alguien todavía está sin Cristo? ¿Necesitas más fuerza, nueva esperanza o mayor sabiduría? La solución está encerrada en una sola palabra: Oración. Cuéntale cada detalle. Acude al único que te puede ayudar. El está esperando tu petición.

Lee 1 Samuel 12; Mateo 7:7-11

¡Sigue adelante!

¿Cuántas personas paran porque tan pocos dicen "¡Adelante!"?

¡Qué pocos son aquellos que ven más allá del peligro... que le dicen a los que están al borde de alguna aventura: *"¡sigue adelante!"*

Es raro, ¿no? Supongo que está relacionado con la habilidad interna de imaginar, de extasiarse con lo invisible, a pesar de todo peligro o dificultad. Estoy por convencerme de que una de las razones por las cuales los alpinistas se conectan con una soga es para impedir que el último se vaya a casa. Los que están en el frente nunca consideran eso como una opción... pero los que están atrás, bueno, digamos que son los últimos en ver la gloria. Es como un equipo de perros esquimales que lleva un trineo. ¡El perro guía tiene un panorama mucho mejor que el chiquito de atrás!

He estado pensando recientemente en lo contento que estoy de que ciertos visionarios se hayan negado a escuchar a los miopes fatalistas que no veían más allá del primer obstáculo. Estoy contento, por ejemplo,

* de que Edison no se haya dado por vencido con la lamparita eléctrica aunque sus asistentes tenían serias dudas sobre su funcionamiento;
* de que Lutero se haya negado a retractarse cuando la iglesia cerró los puños y rechinó los dientes;
* de que Miguel Angel haya seguido cincelando y pintando a pesar de los detractores;

¡Sigue adelante!

* de que Lindbergh haya decidido ignorar lo que todos los demás habían dicho acerca de que era ridículo y que estaba jugando con la muerte;
* de que Douglas MacArthur, el famoso general americano, haya prometido durante los días más oscuros de la Segunda Guerra Mundial: "Volveré";
* de que papá Ten Boom les haya dicho que sí a los judíos atemorizados que necesitaban un refugio seguro, un escondite;
* de que la distinguida Academia de Música Julliard haya visto más allá de los aparatos ortopédicos y la silla de ruedas y haya admitido un dudoso estudiante de violín llamado Perlman;
* de que Tom Sullivan haya decidido ser todo lo que pudiera ser, aunque había nacido ciego;
* de que los cantantes Geither hayan hecho un lugar en su vida tan ocupada para una joven soprano asustada llamada Sandi Patri que un día emocionaría a toda la cristiandad con su interpretación de "We Shall Behold Him" (Lo contemplaremos);
* de que Fred Dixon se haya seguido entrenando para el decatlón —y haya completado la pista— a pesar de que los críticos le hayan dicho que ya estaba viejo;
* de que nuestro Señor Jesús no haya reservado nada cuando dejó el cielo, vivió en la tierra e hizo todo el camino —hasta la cruz— y más allá.

Podrías agregar más ejemplos a la lista. A lo mejor hasta deberías estar en ella. Si es así, felicitaciones.

Pero hay una parte incompleta en esta idea. Casi todos los días —sin duda todas las semanas— nos encontramos con alguien que está en su propio barco casero, pensando seriamente acerca de navegar en el viaje más arriesgado y atemorizante de su vida. Esa alma puede ser un amigo, el cónyuge, un compañero de trabajo, un vecino, tal vez un pariente —un hijo o hermano, hermana, padre. El océano de posibilidades es tremendamente invitador pero, no nos engañemos, también es terriblemente amenazador. ¡Anímales! ¡Vota por el sí! Diles con entusiasmo: "Eres algo especial... ¡estoy muy orgulloso de ti!" Atrévete a decir lo que más necesitan oír: "¡Sigue adelante!" Y después ora con todo.

Nuestro problema no es la falta de potencial; es la falta de perseverancia... no es cuestión de tener lo bueno sino de oír lo malo. Cuánto se pudiera lograr si tan sólo hubiera más almas valientes en la punta del muelle animándonos, afirmándonos, a pesar de los riesgos. La gente cuyo carácter se está desarrollando, estirando, profundizando es gente que no vacila en decir "¡Adelante!" aunque la mayoría diga que no.

Cuando se le preguntó en una entrevista a William Stafford cuándo había decidido hacerse poeta, contestó que la pregunta estaba mal formulada: "Todo el mundo nace siendo poeta —una persona que descubre la forma en que funcionan y suenan las palabras, cuidándolas y deleitándose en ellas. Yo sólo sigo haciendo lo que todos empiezan a hacer. La verdadera pregunta es la siguiente: ¿Por qué pararon los demás?"

Mi respuesta: Pararon porque muy pocos dijeron "¡adelante!"

La búsqueda de hoy

¡Qué fácil es ser una persona "promedio"! Las filas de los mediocres están llenas de pensadores del 'statu quo' y de obreros predecibles. ¡Qué raro es encontrar a alguien que viva de una manera diferente! Pídele a Dios que haga una obra nueva en ti hoy, que levante tu vista por encima de lo esperado, que desarrolle en ti las cualidades que hacen a la excelencia. Y a medida que él levanta tu vista, mantente alerta por aquellos que pueden estar luchando en su propia búsqueda ... tal vez peligrosamente cerca del fracaso. Que él te dé un corazón sensible y una pronta palabra de aliento. Di que sí. Di "¡Sigue adelante!"

Lee Ester 4.

Determinación mental

Siempre les he tenido miedo a las pastinacas. Habiendo sido criado cerca del agua salada y habiendo pescado toda la vida, he tenido numerosos encuentros con las criaturas del mar. La mayor parte de ellas son fascinantes para mirar, divertidas para atrapar y deliciosas para comer.
¿Pero las pastinacas? No, gracias. No me importa que los hombres de Jacques Cousteau anden en sus espaldas; hay un solo lugar donde estoy cómodo si esas bestias chatas y feas están en el agua —fuera de ella. Tal vez eso explique por qué la siguiente historia en un artículo reciente del periódico *Los Angeles Times* me haya llamado la atención inmediatamente.

OCEANSIDE —Era un cálido día de verano en 1973 y Brian Styer estaba vadeando las aguas del Pacífico rumbo a otra sesión de surf.
De repente vio una sombra que se movía hacia él bajo las olas. Era una pastinaca —con una evergadura estimada más tarde en seis metros. Y con un coletazo increíblemente rápido la venenosa criatura marina disparó su dardo filoso a través de la rodilla izquierda del joven, traspasándola.
Durante diez días Styer, que entonces tenía dieciocho años, yació parcialmente paralizado, preguntándose si algún día volvería a caminar. Lo hizo, después de que los médicos le hubieron extraído una porción del dardo, declararon que estaba bien, y fue dado de alta del hospital.
Pero una astilla del arma de la pastinaca eludió las radiografías y quedó clavada en la rodilla de Styer durante más de un año, causando una feroz

infección que gradualmente invadió toda la pierna, erosionando el músculo y el hueso alrededor de la articulación. Casi perdió esa pierna.

Doce años y catorce operaciones más tarde, Styer está nuevamente sobre la tabla —bailando sobre las olas con la ayuda de un aparato ortopédico especialmente diseñado que sostiene y fortalece la casi inútil rodilla.

Y esta semana, después de incontables horas de práctica, Styer realizó el sueño de toda la vida y se clasificó para un concurso profesional de surf. Su meta: llamar la atención de un patrocinador y convertirse en el primer competidor discapacitado del circuito profesional.

Formar parte del *tour* profesional no será ningún logro pequeño. Por empezar, la condición de la rodilla de Styer y el dolor que le causa limita las maniobras y el tiempo que puede permanecer en el agua. Además, los patrocinadores del surf son pocos y esos pocos bien pueden ser reacios a arriesgar su dinero en un competidor de 29 años —considerado viejo en el exigente deporte acuático— cuya condición física no es la óptima.

Hay otro problema. Las dosis masivas de drogas usadas hace años para combatir la infección que invadía el cuerpo de Styer debilitaron su inmunidad de tal forma que tiene un 60 por ciento de probabilidad de contraer cáncer bacterial en la pierna. También es altamente susceptible a nuevas infecciones que estallan y requieren cuidado hospitalario cada dos meses. Una infección seria podría resistir el tratamiento y forzar la amputación.

El daño infligido por la herida supurante causó otro obstáculo para el sueño de grandeza surfística de Styer —el dolor. Durante casi diez años el surfista dependió de dosis grandes de Percodan, Demerol y otras drogas potentes para ayudarle a vivir con el dolor, que es constante y se agrava al caminar, subir escaleras y hacer otros movimientos.

Finalmente, sintiéndose "como un vegetal" y convencido de que los narcóticos "me matarían", Styer asistió a un taller sobre el dolor y logró vencer

Determinación mental 119

su dependencia de las drogas. Ahora dirige cursos similares sobre el dolor en hospitales de la zona. Ahora depende de una amplia gama de medidas para minimizar el dolor, incluyendo hielo, análisis biológico, ultrasonido y terapia física. Y cada noche mientras duerme usa un neuroestimulador que esencialmente bloquea los impulsos eléctricos que le informan al cerebro acerca del dolor en la rodilla.[22]

Inspirándome en la historia de Styer, permíteme hacerte un par de preguntas personales:

Primera: ¿Cuál es tu "sueño de toda la vida"? Bien adentro de tu cabeza, ¿qué meta escondida anhelas lograr? Piensa. Formúlatela a ti mismo. Hazte una imagen mental. La búsqueda del carácter maduro incluye algunos sueños.

Segunda: ¿Cómo anda tu determinación? Sé honesto. ¿Empezaste a aflojar? ¿Has permitido que unos pocos obstáculos debiliten tu determinación?

La historia del surfista habla por sí misma, especialmente para mí. Si ese tipo está dispuesto a pasar por todo eso para lograr su sueño . . . ¿qué puedo decir? Que vengan las pastinacas, Señor.

Pensándolo bien, Señor, ¿no podrías tal vez fortalecerme usando obstáculos de *agua dulce*?

===== La búsqueda de hoy =====

En un momento oscuro de su vida Hudson Taylor escribió: "No importa cuán grande sea la presión. Lo que realmente importa es *dónde está la presión —si se interpone entre uno y Dios o si lo aprieta más cerca de su corazón*". ¿Estás sintiendo presión hoy? Al orar hoy, pasa la carga de tus hombros a los de Dios. El la puede llevar. ¡tú le importas! Convierte este momento tranquilo de meditación en una experiencia de liberación de la presión.

Lee el Salmo 18:25-36.

---

22. *Los Angeles Times*, 26 de Septiembre de 1985.

Tu *lugarcito*

Linus, uno de los personajes de la tira cómica "Rabanitos" de Charles Shultz, para mí tiene un lugar especial entre los personajes dibujados. No importa el esfuerzo que ponga, ni lo diligente que sea; generalmente termina por mirarnos como si dijera: "¡Nadie me aprecia!"

En una serie de dibujos hace algunos años el pobrecillo estaba en problemas con su hermana y sus amigos por su nueva "vocación" —la de acariciar pájaros. Los pájaros afligidos se acercaban a Linus, bajaban su cabecita plumada para ser acariciada, suspiraban profundamente y se alejaban satisfechos. Esto le trajo grandes satisfacciones a Linus —a pesar de la vergüenza y el disgusto de Lucy.

Soy el primero en admitir que acariciar pájaros es una vocación un poco fuera de lo común. Quiero decir que no todos los días encontramos a alguien que se sienta realizado acariciando plumas. Por lo menos estaríamos de acuerdo en que no es uno de los dones espirituales mencionados en 1 Corintios 12. ¿O sí? Miremos otra vez.

¿Qué tal ese lugarcito de "los que ayudan"? Romanos 12 menciona "el que exhorta" y un poco más adelante "compartiendo para las necesidades de los santos". Cuanto más leo, más me pregunto. ¿Quién dice que el lugarcito de una persona no podría ser el de acariciar, palmear y abrazar?

Si tu lugarcito es uno de los "menores", puedes esperar algunas cejas levantadas y comentarios sarcásticos entre algunos de los santos más sofisticados, tipo Lucy. Hasta te puedes ver enfrentado por parientes en la familia de Dios bien intencionados que quieran saber lo que acariciar, palmear y abrazar tienen que ver con seguir a Cristo. Después de todo, el cristianismo es una cosa seria.

Tu lugarcito

En una de las escenas, Carlitos y Linus hablan acerca de todo este asunto de las caricias. Linus quiere saber qué tiene de malo acariciarles la cabeza a los pájaros. Repite que sólo quiere saber ¿qué tiene de *malo?* Hace que los pájaros se sientan mejor, hace que él se sienta feliz. "Así que, ¿qué tiene de *malo?"* Carlitos lo considera cuidadosamente y luego declara con bastante franqueza: "¡Nadie más lo hace!"

Algunos lugarcitos deben luchar por su existencia y ni hablemos del aprecio. No así la enseñanza. Si eres un maestro de la Biblia, ¡fantástico! O el evangelismo. Nadie te ignorará ni te desacreditará. Y si tu lugar es el liderazgo o el pastorado o uno de esos dones estelares, estás hecho. ¿Quién va a "tocar a mi ungido"?

¡Momentito!

Hablemos (por una vez) de los "dedos" del Cuerpo. ¿Qué tal un aplauso para el "bazo" y las "amígdalas" y una o dos "uñas"? Acabo de leer el versículo que dice que Dios le ha dado mayor honor a las partes menores. (Lee 1 Corintios 12 para ver la discusión completa de este asunto.)

Así que si tu lugarcito es el de animar, por favor no dejes de hacerlo. Si es el de abrazar, demostrar calidez, compasión y misericordia a las plumas que han sido agitadas por la ofensa y marcadas por la adversidad, por favor sigue acariciando. No pares por nada del mundo. Entrega tu corazón, ¡a pesar de todo!

Si Dios te hizo un "acariciador", sigue acariciando para la gloria de Dios. Puedo asegurarte que tendrás *su* aprecio.

====== *La búsqueda de hoy* ======

Canicas o uvas; ¿cuáles? Toda congregación tiene la opción. Puede elegir ser una bolsa de canicas... independientes, duras, fuertes, enteras, no afectadas por las demás. O puede elegir ser una bolsa de uvas.... fragantes, suaves, combinándose, mezclándose, fluyendo la una en la otra. Las canicas están hechas para ser contadas y guardadas. Las uvas están hechas para ser golpeadas y usadas. Las canicas marcan y suenan. Las uvas ceden y se apegan.

Lee Romanos 12.

Encanto

Entonces las iglesias tenían paz por toda Judea, Galilea y Samaria; y eran edificadas, andando en el temor del Señor, y se acrecentaban fortalecidas por el Espíritu Santo (Hechos 9:31).

Asombroso. Es más, fenomenal. Especialmente cuando se toman en cuenta las circunstancias bajo las cuales existía la iglesia en esa época. Sus líderes estaban siendo encarcelados. La gente estaba siendo amenazada. El martirio de Esteban era un recuerdo todavía fresco (7:54-60). Pablo apenas había escapado con su vida de los hostiles judíos helenistas (9:28-30). Era inevitable un baño de sangre. Sin embargo, las iglesias de Palestina "tenían paz" y "se acrecentaban".

No intimidadas. Determinadas. Resistentes.

No importaba cuántas veces se les mandaba que "no hablasen en el nombre de Jesús" (5:40), persistían sin temor. A pesar de amenazas, advertencias, flagelación y otros métodos insidiosos de persecución, los creyentes seguían siendo remansos de paz y lugares de refugio. Hay que imaginarse lo contagioso que debe haber sido su entusiasmo... ¡lo genuinamente gozoso!

Florecieron contra toda probabilidad. En vez de reducirse a un grupo de gente amargada, negativa y asustada, siguieron siendo atractivos y magnéticos. Frecuentemente imagino a aquellos de la iglesia primitiva como gente de un *encanto* contagioso.

Cada vez que aparece esa imagen mental, me vienen a la mente las palabras de Reinhold Niebuhr:

Es posible obligar a la gente a mantener ciertas normas mínimas acentuando el deber, pero los logros morales y espirituales más altos no dependen de un empuje sino de un tirón. La gente debe ser encantada hacia la rectitud.[23]

¿Cuándo aprenderá esto la iglesia de hoy? ¿Cuánto tiempo más deberemos depender de empujar y exigir? ¿Qué hará falta para recuperar el encanto... esa gracia maravillosa que atrae la rectitud como lo hace un imán con la viruta de hierro? De algún modo los primeros santos mantuvieron un ambiente amoroso, un auténtico atractivo de aceptación positiva. Ninguna presión de afuera podía alterar la paz de adentro. El resultado era predecible: la gente no podía resistir sus lugares de reunión. La asamblea de creyentes era el lugar donde estar... donde ser uno mismo... donde compartir el dolor... donde formular las preguntas... donde admitir las necesidades... donde derramar las lágrimas... donde dar la opinión... donde soñar. ¡Por supuesto! ¿Hay algún lugar en el mundo más adecuado, más perfectamente diseñado para ese tipo de franqueza?

El cantante ciego Ken Medema captó la escena al escribir:

> Si éste no es un lugar donde se comprenden las lágrimas
> ¿Adónde iré a llorar?
> Y si éste no es un lugar donde mi espíritu puede ponerse alas
> ¿Adónde iré a volar?
> No necesito otro lugar
> para intentar impresionarte
> Con lo bueno y virtuoso que soy,
> no, no, no.
> No necesito otro lugar
> para estar siempre en control
> Todo el mundo sabe que es una farsa,
> es una farsa.
> No necesito otro lugar
> para siempre usar sonrisas
> Aunque no me sienta así.
> No necesito otro lugar

para repetir las mismas trivialidades de siempre
Todo el mundo sabe que no es real.
Así que si éste no es un lugar donde puedo hacer mis preguntas
¿Adónde iré a buscar?
Y si éste no es un lugar donde se pueda oír el clamor de mi corazón
¿Adónde, dime adónde, iré a hablar?[24]

Sería maravilloso que en algún día futuro un historiador, considerando nuestra época, pudiera escribir:

> Entonces las iglesias tenían paz por todas las Américas; y eran edificadas... y se acrecentaban fortalecidas. Un imán irresistible atraía a la gente. La búsqueda del carácter maduro los unía.

Hará falta un ingrediente que lo impregne todo para que este dato se llegue a registrar en la crónica de la historia de la iglesia: el encanto.

La búsqueda de hoy

Cuando la iglesia primitiva se reunía, un encanto magnético traía gozo. Cuando los creyentes oraban, había poder. Cuando ofrendaban, había generosidad. Cuando se abrazaban, había amor. Cuando hablaban, había autenticidad. Cuando se iban, había lágrimas. Diecinueve siglos más tarde, la iglesia continúa. Nuestra familia es mucho más grande y más influyente. ¿Pero es mejor? Piénsalo mientras te detienes en su presencia hoy.

Lee Hechos 4.

---

23. Reinhold Niebuhr, "Well-Intentioned Dragons" (Dragones bien intencionados), *Christianity Today*, 1985, pág. 63.
24. Ken Medema, "If This Is Not a Place" (Si este no es un lugar), © 1977. Publicado por Word Music. Usado con permiso.

Compromiso sabio

Durante un período crítico de mi adolescencia fui expuesto a malos consejos. Era demasiado ingenuo para saber la diferencia, demasiado crédulo para discernir el error y, por lo tanto, demasiado débil para resistir. Así que me lo tragué todo. En ese entonces era dogmático... sentencioso, extremista, casi fanático. Era sincero y joven, pero estaba equivocado.

Ya era suficientemente malo ser tan rígido a tan temprana edad, pero cuando pienso en el daño que creó en las relaciones, las puertas que cerró a las oportunidades y el estancamiento que causó en mi crecimiento espiritual, todavía me siento mortificado. Quizá hayas pasado algunos años en el mismo estado. En ese caso, no tendrás ninguna dificultad en identificarte con esa parte de mi peregrinaje. Si no es así, hace falta una pequeña explicación.

En las filas del cristianismo del siglo veinte hay un foco de gente que se enorgullece por ser ultra-lo-que-sea. Conservadoras ciento por ciento y testarudas en extremo, estas personas no están abiertas a discutir temas cruciales y aun menos a *oír* las ideas de otros. Para ellas, ese tipo de tolerancia es equivalente a la contaminación —una aceptación franca y peligrosa del mal. Para mantener la pureza y protegerse en contra de cualquier incursión sutil de la herejía, sencillamente se niegan a pensar más allá de los límites de ciertas reglas autoimpuestas. La adherencia estricta resulta en la aceptación por "el grupo", lo cual confiere un tremendo sentido de seguridad... un síndrome trágico.

La tragedia se ve intensificada por el uso de ciertos pasajes bíblicos que parecen alentar tales convicciones cerradas. Esos versículos (por lo general es medio versículo o son pasajes tomados fuera de contexto) se repiten vez tras vez hasta que todo el mundo marcha al mismo paso y nadie se atreve a cuestionar nada. En lugar de las tradiciones fuertes y necesarias que nos dan propósito y raíces hay un débil tradicionalismo que no deja lugar al pensamiento ni al cuestionamiento.

Jaroslav Pelikan lo dijo bien:

> La tradición es la fe viviente de aquellos que han muerto.
> El tradicionalismo es la fe muerta de aquellos que todavía viven.[25]

Cuando recuerdo esa época de mi vida, uno de los términos clave era el *compromiso*. Siempre se presentaba en términos negativos. Si uno escuchaba a gente fuera del colegio, podría ser influenciado por ella... lo cual conduciría al compromiso. Si uno no estaba de acuerdo con el gurú que tomaba todas las determinaciones (sí, todas), entonces era evidente que estaba comprometiendo la verdad. Si uno no cumplía "la lista" exactamente como lo determinaba el grupo —aunque no hubiera ningún apoyo bíblico para tal lista— entonces era evidente que era culpable de comprometerse. Era raro; nadie podía citar la fuente original de esa lista, pero no había duda acerca del compromiso si se quebrantaba aunque sea una de esas reglas. Este es el peor tipo de esclavitud, porque se hace todo bajo la apariencia del cristianismo.

Basta de lo negativo. A lo que quiero llegar es que el compromiso no es siempre malo. Es evidente que hay normas morales y éticas enseñadas abiertamente en las Escrituras que no dejan lugar alguno para el compromiso. Pero el compromiso es mucho más amplio. A veces es sabio hacer un compromiso. ¡No pierdas esta cualidad vital y excepcional en tu búsqueda del carácter maduro!

Sin el compromiso es imposible solucionar los desacuerdos. Las negociaciones se paralizan. El matrimonio se mantiene y

Compromiso sabio

fortalece por el compromiso así como la relación entre padres e hijos. Las madres y los padres que no tienen lugar para maniobrar estarán en serias dificultades cuando llegue la adolescencia de sus hijos. Los hermanos que no llegan al compromiso se pelean. Las congregaciones que no usan el compromiso en temas importantes que tienen dos puntos de vista se dividen. Las naciones con ideologías diferentes que se niegan a escuchar a las otras y rechazan el compromiso llegan a la guerra. Los vecinos que rechazan el compromiso hacen juicio.

¿Estoy diciendo que sea fácil? ¿O libre de riesgo? ¿O que sea algo natural? No. Es mucho más fácil (y seguro) no ceder . . . seguir creyendo que tu forma de hacer las cosas es la correcta y que tu plan es el que hay que seguir. Sin embargo, hay un problema principal . . . terminas siendo cerrado y estando solo, o rodeado por unos pocos no pensantes que se parecen al perro plástico en miniatura en el parabrisas trasero del auto que está siempre diciendo que sí con la cabeza.

Eso puede ser lo seguro, pero no pareciera ser muy satisfactorio. Ni muy parecido a Cristo. Mientras buscas el verdadero carácter, no pases por alto el compromiso sabio. Vamos, ¡dale permiso a tu corazón para que haga unas flexiones!

Una observación final: Aquellos que dominan este arte rara vez son muy jóvenes. La juventud viene con más idealismo y menos realismo, con un fuerte dogmatismo en lugar de una tranquila tolerancia. La poetisa Sara Teasdale lo comprendió:

> Cuando haya dejado de romperme las alas
> Contra la imperfección de las cosas,
> Y haya aprendido que los compromisos esperan
> Detrás de cada portón abierto con tanta dificultad,
> Cuando pueda mirar la Vida a los ojos,
> Calma y muy friamente sabia,
> La Vida me habrá dado la Verdad
> Y se habrá llevado en cambio —mi juventud.[26]

La búsqueda de hoy

Pondera estas palabras penetrantes al presentarte calmadamente ante él hoy... palabras que jamás oí enfatizadas en mis años adolescentes:

> Nada hagáis por contienda o por vanagloria; antes bien con humildad, estimando cada uno a los demás como superiores a él mismo; no mirando cada uno por lo suyo propio, sino cada cual también por lo de los otros (Filipenses 2:3, 4).

---

25. Jaroslav Pelikan, *The Vindication of Tradition* (La vindicación de la tradición), (New Haven, Conn.: Yale University Press, 1984), pág. 65.

26. Reimpreso con permiso de Macmillan Publishing Company. "Wisdom" (Sabiduría) de *Collected Poems* (Colección de poemas) por Sara Teasdale. Copyright 1917 por Macmillan Publishing Company, renovado en 1945 por Mamie T. Wheless.

Contentamiento

Todo el mundo dice que lo quiere pero casi todo el mundo lo pasa de largo.
El contentamiento es el solitario mochilero reflejado en el espejo retrovisor mientras el chofer hipnotizado pasa zumbando por la autopista. Pocos se molestan en notar que van dejando atrás aquello que dicen estar buscando. Y aun si llegan a ver un objeto borroso en su visión periférica, no tienen tiempo para detenerse e investigar. Se pasa demasiado rápido. Y el tráfico sigue zumbando.
Miles de librerías tienen las vidrieras decoradas con libros sobre el contentamiento. Y los siguen vendiendo. ¿No es extraño que nos haga falta un *libro* para ayudarnos a experimentar lo que debiera ser natural? No, no lo es tanto. No cuando hemos sido programados para competir, lograr, incrementar, luchar y preocuparnos mientras trepamos la "escalera del éxito" (que muy pocos se animan a definir). No cuando hemos adorado ante el altar de la PROMOCION desde la adolescencia. No cuando hemos sido esclavos en el galeón de la OPINION PUBLICA toda la vida. El contentamiento es la incógnita "X" en la ecuación de la vida. Es tan extraño como vivir en un iglú y tan insólito como criar un rinoceronte en el patio.
Admitámoslo. Tú y yo tenemos miedo de que si abrimos la puerta del contentamiento, se meterán dos huéspedes agresivos —la pérdida de prestigio y la pereza. Realmente creemos que llegar a la cumbre vale *cualquier* sacrificio. Para los orgullosos norteamericanos, el contentamiento es algo para ser disfrutado entre el nacimiento y el jardín de infantes, entre la jubilación y el hogar de ancianos o (y esto puede doler) entre "aquellos que no tienen ambición".

Detente y piensa. Un joven con grandes habilidades mecánicas y poco interés en lo académico frecuentemente recibe el consejo de no contentarse con un oficio después del secundario. Una maestra competente, contenta y realizada en el aula es mal vista si rechaza la oportunidad de ascender a directora. El dueño de *El Pollo Loco* de la esquina tiene la casa llena todos los días —y está feliz en su alma, contento en su espíritu. Pero lo más probable es que la ambición egoísta no lo dejará descansar hasta que abra diez sucursales y se haga rico —dejando al contentamiento en el último cajón de los sueños olvidados. El hombre que sirve de asistente —o cualquier posición de apoyo en un ministerio, una compañía o las fuerzas militares— frecuentemente lucha con un sentido de disconformidad hasta ser promovido al rango más alto de la escala —sin considerar las aptitudes personales.

Las ilustraciones son legión. Esto se aplica a madres, amas de casa, científicos nucleares, plomeros, policías, ingenieros, seminaristas, caseros, alfombristas, artistas o mozos. Este ridículo patrón sería divertidísimo si no fuera tan trágico . . . y tan común. Con razón hay tantos disconformes.

Shakespeare comentó que frecuentemente arruinamos lo que está bien con nuestros esfuerzos para mejorarlo. Es un hecho curioso que cuando la gente tiene la libertad de hacer lo que quiere, generalmente imita a otros. Mucho me temo que nos estamos convirtiendo rápidamente en una nación de marionetas disconformes e incompetentes, colgando de hilos manejados por el mismo titiritero dictatorial.

Escucha a Juan el Bautista: ". . . contentaos con vuestro salario" (Lucas 3:14).

Escucha a Pablo: ". . . me gozo en las debilidades . . . así que, teniendo sustento y abrigo, estemos contentos con esto" (2 Corintios 12:10, 1 Timoteo 6:8).

Y a otro apóstol: ". . . sean vuestras costumbres sin avaricia, contentos con lo que tenéis ahora" (Hebreos 13:5).

Ahora te advierto —esto no es fácil de implementar. Estarás en la minoría. Tendrás que luchar contra el conformismo. Aún el más grande de todos los apóstoles admitió "he aprendido a contentarme, cualquiera que sea mi situación" (Filipenses 4:11). *Es* un proceso de aprendizaje, frecuentemente muy doloroso. Y no es muy placentero marchar a destiempo hasta convencerse de estar siguiendo el ritmo correcto. Cuando te convenzas plenamente se formará una nueva dimensión en tu carácter. Y cuando eso suceda, pasarán dos cosas: (1) se cortarán los hilos y (2) estarás libre, ¡en verdad! Y, ¡oh, sorpresa! Te encontrarás con que aquel solitario mochilero que dejaste tantos kilómetros atrás está de acompañante al lado tuyo... sonriendo a cada paso del camino.

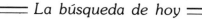

La búsqueda de hoy

Cuando Jesús habló acerca de las cosas que ahogan la verdad de la Palabra de Dios en nuestra vida, mencionó tres cosas específicas: la ansiedad, el dinero y la disconformidad (Marcos 4:19). Léelas nuevamente. Pídele al Señor que te hable hoy acerca de una o todas... y que al hacerlo "desahogue" tu vida. Sólo entonces podrás conocer el gozo pleno de su compañerismo.

Lee Marcos 4:1-20.

Cosas que no cambian

Un antiguo amigo y mentor mío murió ayer. Fue un predicador por excelencia. Entrenado en la vieja escuela. Siempre de camisa y corbata —con el nudo liso y apretado. Preferentemente en traje con chaleco. Camisa blanca, bien pianchada, con bastante almidón. Zapatos lustrados. Cada pelo en su lugar. Bien afeitado. Prolijo. Inmaculado. ¿Y bajo ese exterior tan imponente? Carácter, sólido como la roca. ¿Su estilo oratorio? Fuerte. Dogmático a veces. Elocuente, con frecuencia. Mucha aliteración con un poema memorizado al final. Lleno de ilustraciones que frecuentemente comenzaban con "Se cuenta que..." Nunca mucho humor, siempre decoroso, algo reservado, místico, profundo, con una voz de bajo registro. Muchos libros encuadernados en cuero en su biblioteca. Resuelto a mantener en alto su llamado al ministerio. Piel trigueña, ojos profundos, dientes parejos. Confiado pero no arrogante. Apuesto pero no vanidoso.

Ni un rastro de frivolidad. No era el tipo de hombre que uno se imagina sentado en el patio con las piernas cruzadas y jugando con los niños. Ni en la cocina lavando los platos. Ni cambiando el aceite en el auto. Ni tirándose a la piscina desde un trampolín. Ni jugando al fútbol. El hombre tenía clase.

No es que estuviera por encima de todo eso, sino que en su época los hombres dedicados al ministerio mantenían una línea recta y filosa. Si no estaba predicando, se estaba preparando para hacerlo. Si no estaba orando, recién acababa de hacerlo. Francamente, nunca estuve en su presencia sin sentir admiración. Aunque ya era grande, me sentaba bien derecho en su oficina y decía "señor" muy seguido. Cuando ponía la mano en mi hombro y oraba que Dios "guíe a este joven" y "lo aparte

para el uso del Maestro" sentía que había sido armado caballero. Destilaba integridad. Su consejo resultó ser invencible. Sus pensamientos y sus palabras eran de una pureza prístina —limpios como el hábito de una monja. Cuando se paraba detrás del púlpito estaba derecho, refinado, sereno, seguramente uno de los mejores de su época. Podía servir de modelo para el "Salmo del Caballero", el Salmo 15.
Pero mucho de lo de su época ya ha pasado. El trato de la gente hoy en día es tan diferente. Su filosofía era seria, con líneas bien definidas, nítidas y el hablar consistía en discursos. El diálogo era algo inaudito... ¿la vulnerabilidad de los líderes? Anatema. ¡Cómo han cambiado los tiempos! No hay una profesión que no se haya visto forzada a ceder, haciendo lugar para cambios inevitables y, en muchos casos, esenciales.

Pensé en esto hace poco al leer la siguiente descripción de las tareas que debían cumplir las enfermeras en un hospital allá por 1887. Aquellos entre ustedes que sean enfermeras y médicos se sonreirán incrédulos.

DEBERES DE LAS ENFERMERAS EN 1887

Aparte de ser responsables por sus respectivos cincuenta pacientes, cada enfermera cumplirá con las siguientes reglas:

1. Barra y baldee el piso de su sala, limpie los muebles del paciente y el alféizar de las ventanas.
2. Mantenga una temperatura pareja en su sala trayendo un cubo de carbón para las necesidades diarias.
3. La luz es importante para la observación de la condición del paciente. Por lo tanto, cada día debe llenar las lámparas con kerosén, limpiar las chimeneas y despabilar las lámparas. Lave las ventanas una vez por semana.

Cosas que no cambian

4. Los apuntes de la enfermera son importantes para asistir en la tarea del médico. Prepare su pluma cuidadosamente; puede cortar el plumín a su propio gusto.
5. Cada enfermera con turno diurno debe presentarse todos los días a las 7 horas y salir a las 20 horas, menos el domingo, cuando quedará libre desde las 12 hasta las 14 horas.
6. Las enfermeras graduadas en buena relación laboral tendrán una noche por semana libre para salir o dos noches por semana si asiste a la iglesia con regularidad.
7. Cada enfermera debe apartar una buena suma de sus ganancias para proveer para su vejez y así no ser una carga para la sociedad. Por ejemplo, si gana $30 por mes, debería guardar $15.
8. Cualquier enfermera que fume, beba, se haga peinar en un salón de belleza o frecuente salones de baile le dará a la directora de enfermeras buenos motivos para dudar de su valor, intenciones e integridad.
9. La enfermera que cumpla sus tareas y sirva fielmente a sus pacientes y a los médicos sin flaquear durante un período de cinco años recibirá un aumento de parte de la administración del hospital de cinco centavos por día, siempre y cuando no haya ninguna deuda pendiente con el hospital.

¿Alguien más está contento de que hayan habido algunos cambios desde 1887?

Si, los tiempos cambian las cosas... a veces en forma drástica. Cambian los estilos, así como las perspectivas, los salarios, los sistemas de comunicación, la forma de relacionarse con la gente, aun las técnicas oratorias.

Pero algunas cosas no tienen excusa por cambiar. Cosas como el respeto por la autoridad, la integridad personal, los pensamientos sanos, las palabras puras, un estilo de vida santo, los papeles determinados de masculinidad y feminidad, el compromiso con Cristo, el amor por la familia y el servicio

auténtico. Las cualidades del carácter maduro no están a la merced del tiempo.
Mi amigo y mentor se ha ido. Mucho de su estilo se ha ido con él. Pero lo profundo que lo hizo grande —¡ah! que eso nunca se olvide. Los tiempos deben cambiar. ¿Pero el carácter? Eso nunca.

=============== *La búsqueda de hoy* ===============

¿La vida? "Ciertamente es neblina" dice Santiago 4:14. Aunque demos la apariencia de seguridad, nuestra vida está marcada por la incertidumbre, la adversidad, la brevedad. Con mucha mayor razón deberíamos tratar de lograr la perspectiva correcta para vivirla. El caminar con Dios hace justamente eso. No garantiza que viviremos más tiempo pero sí nos ayuda a vivir mejor. Y más profundamente. Y más ampliamente. Ya que no sabes nada acerca del día, de la semana ni del año que tienes por delante, entrégate nuevamente a aquél que conoce los tiempos y las sazones.

Lee Santiago 4.

Verdadero trabajo en equipo

Se le pidió a John Stemmons, un conocido comerciante, que hiciera una breve declaración acerca de lo que consideraba ser fundamental en el desarrollo de un buen equipo. Su respuesta fue clara... Vale la pena repetirla.

> Primero encuentre algunas personas trabajadoras que van a vencer en su propio campo... personas en las cuales pueda confiar. Después envejezcan juntos.

Quieres una buena ilustración? El equipo evangelizador de Billy Graham, el núcleo de ese gran grupo de gente talentosa cuyos nombres ya son legendarios. Al mirar la cara de casi todos ellos el domingo pasado y darles la mano, sintiéndome animado por sus cálidas sonrisas, me di cuenta de que no puedo recordar cuando *no* estaban juntos. Es casi como que hubieran nacido en la misma familia —o por lo menos que se hubieran criado en el mismo barrio. En una época en que se salta de un trabajo a otro y de la mentalidad religiosa del Llanero Solitario, es refrescante ver a un grupo de gente tan capaz y dedicada, cuyos integrantes difieren tanto entre sí, que envejecen juntos y siguen siendo un equipo muy sólido.

No malinterpretes lo que significa ser un equipo. La lealtad al grupo no es tener una devoción ciega ni abrigar la incompetencia. Tampoco es un prejuicio nepotista que transmite la idea que todo lo que está fuera de nuestro grupito está mal. Tampoco es tan exclusiva y tan orgullosa que parezca ser cerrada y secreta. Más bien hay libertad para ser, para desarrollar, para innovar, para cometer errores, para aprender el uno del otro... sintiéndose todo el tiempo amado, sostenido y afirmado. Este contexto ha sido llamado "administración por amistad". En vez de sospechas y humillaciones, hay una confianza que lleva a la formación de un *esprit de corps* dentro del equipo. La presión se mantiene en mínimo ya que fluye el afecto y se promueve la risa. ¿Quién no va a desarrollar un carácter maduro en un ambiente tan seguro?

Es un best-seller, American Cesar (El César norte americano), William Manchester lleva a sus lectores a una familiarización profunda con Douglas MacArthur, el famoso general de la época de las Guerras Mundiales. Nos ayuda a sentirnos más cerca de esa fuerte personalidad al escarbar debajo de ese exterior intimidante y descubrir muchas de las características magnéticas de MacArthur, así también como algunos rasgos extraños. En un momento dado el autor analiza la asombrosa lealtad que el Coronel MacArthur obtenía de parte de sus tropas durante la Primera Guerra Mundial. Al término de esa guerra, el hombre había ganado siete Estrellas de Plata, dos Cruces por servicio Distinguido y también la codiciada Medalla por Servicio Distinguido.

Es obvio que estas medallas fueron en parte resultado de su propio valor, pero no se puede negar que también fueron resultado de otro factor: su habilidad para generar una feroz lealtad de los hombres bajo su mando. ¿Cómo lo hizo? Aquí está el análisis de Manchester en resumen:

* Había menos diferencia de edad entre él y sus hombres que entre los demás oficiales de rango y ellos.
* Compartió sus molestias y su peligro.
* La adoración era recíproca.[27]

A pesar de su bien divulgada egomanía y de sus distorsiones emocionales, MacArthur tenía una gran virtud redentora que eclipsaba sus fallas a los ojos de sus hombres y encendía sus pasiones: él los quería profunda y genuinamente. La palabra clave es *amor*. Nada... absolutamente nada une tanto a un

Verdadero trabajo en equipo 139

equipo ni fortalece la lealtad como el amor. Elimina la competencia interna. Calla los rumores. Edifica la moral. Promueve sentimientos tales como "Pertenezco", "¿Qué importa a quién le dan el honor?", "Debo hacer lo mejor posible" y "Puedes confiar en mí porque yo confío en ti".

El equipo de discípulos de Jesús no era exactamente la personificación del éxito cuando se formó. Uno se habría preguntado entonces por qué él había elegido semejante "harapienta agregación de almas"[28] como dijera Robert Coleman. El genio de su plan no era inmediatamente obvio. Pero para fines del primer siglo nadie criticaría su selección. Aparte del traidor, eran "trabajadores", demostraron ser "triunfadores en su propio campo" y llegaron a ser "personas en las que se puede confiar". En última instancia, fueron responsables por poner el mundo patas para arriba... ¿o tendría que decir que lo volvieron a enderezar? Como sea, ningún grupo a través de la historia ha demostrado ser más eficaz que aquel equipo evangelizador del primer siglo, el núcleo de los hombres de Cristo.

No tengo idea por qué me sentí impulsado a escribir estas cosas hoy; sólo sentí una gran urgencia por hacerlo. Tal vez estés en el proceso de formar un grupo —un equipo especial de personas para lograr algunos objetivos significativos. Aquí va un consejo que vale la pena recordar: En vez de concentrar los esfuerzos en buscar grandes nombres o en empezar con unos pocos bien conocidos, busca a algunas personas trabajadoras, que prometen ser triunfadores, en las cuales puedes confiar ... ámalos, cultivando así su potencial a lo largo de una gran amistad a largo plazo. Entrega tu corazón en afecto sin medida. Entonces mira cómo obra Dios. Un equipo formado por amor y unido por gracia tiene el poder de perdurar.

=========== La búsqueda de hoy ===========

Antes de bajar la vista al himnario el próximo domingo en el culto, mira a tu alrededor. La mayor parte de la gente que veas son tus hermanos y hermanas en la familia de Dios. Los necesitas. Te necesitan. Independientes y separados son débiles, tanto tú como ellos.

Pero todos juntos forman una unidad fuerte... capaz de sobrellevar las tormentas que rugen más allá de las paredes del templo. Al orar hoy, agradece al Padre por no estar solo en este escarpado camino entre la tierra y el cielo.

Lee 1 Corintios 12.

---

27. William Manchester, *American Caesar: Douglas MacArthur, 1880-1964* (Douglas MacArthur: el César norteamericano, 1880-1964) (Little, Brown and Company, 1978).
28. Robert E. Coleman, *El plan supremo de evangelización* (El Paso, Texas: C.B.P. 1983), pág. 23.

Dedicación

Son verdaderamente singulares aquellos que dan de sí mismos con poco interés por el reconocimiento, el beneficio personal o la recompensa monetaria.

Por algún motivo nos estamos transformando lentamente en un pueblo que mide cada pedido de participación desde el siguiente punto de vista: *"¿Qué gano yo con esto?"* o *"¿Cómo puedo obtener lo máximo por lo mínimo?"* Escondida bajo esa filosofía hay una tremenda pérdida de dedicación. Gracias a nuestra naturaleza perezosa, no nos sentimos muy incómodos arreglándonos con el mínimo de esfuerzo. Nuestro antiguo celo por la excelencia y el control de calidad ahora se ve sacrificado sobre el altar de racionalizaciones tales como:

"Y bueno, nadie es perfecto".
"Es lo suficiente como para pasar".
"No te preocupes; nadie se dará cuenta".
"Todo el mundo lo hace".

Como resultado, nuestra norma se ha convertido en la *mediocridad* y nuestra meta en *mantener el promedio*. El obrero consagrado, el que se supera, el empleado dedicado, el estudiante que lucha por la excelencia frecuentemente es tildado de neurótico o rechazado como fanático.

Encuentro más aliento en la Palabra de Dios que en cualquier otra fuente de información cuando se trata de la importancia de la dedicación personal. El Señor me asegura que su *gloria* es mi meta (1 Corintios 10:31), no la aprobación del hombre. Además, cuando me dice que ame, me dice que lo haga *fervientemente* (1 Pedro 4:8). Cuando se trata de mantener una amistad, debo hacerlo con *devoción* (Romanos 12:10). Cuando se trata de evitar la maldad, se me dice que debo evitar aun *la apariencia* del mal (1 Tesalonicenses 5:22). Cuando veo un hermano en necesidad, debo ayudarle a llevar la carga con *sacrificio* (Gálatas 6:1, 2), no mantenerme a una distancia prudente. Cuando se trata del trabajo, debo ser *disciplinado* (2 Tesalonicenses 3:7, 8) y *diligente* (1 Tesalonicenses 2:9). Las Escrituras están repletas de exhortaciones para ir más allá de lo requerido por el deber —para una dedicación de la vida que se nutre del desafío de hacer un trabajo de calidad.

Por si piensas que esto es demasiado severo, cierro con una porción de una carta verídica, escrita por un joven comunista a su novia, rompiendo su compromiso. El pastor de la joven le mandó la carta a Billy Graham, quien la publicó hace algunos años.

El estudiante comunista escribió lo siguiente:

> Nosotros los comunistas tenemos un alto promedio de bajas. Somos los que se balean y cuelgan y ridiculizan y despiden del empleo y cuyas vidas se hacen lo más incómodas que sea posible. Un cierto porcentaje de nosotros termina muerto o en prisión. Vivimos en una virtual pobreza. Devolvemos al partido cada centavo que ganamos que está por encima de lo absolutamente indispensable para mantenernos con vida.
> Nosotros los comunistas no tenemos ni el tiempo ni el dinero para muchas películas, o conciertos, o bifes, o casas decentes o autos nuevos. Hemos sido descritos como fanáticos. Somos fanáticos. Nuestra vida está dominada por un factor principal: la lucha por el comunismo mundial. Nosotros los comunistas tenemos una filosofía de vida que ninguna cantidad de dinero puede comprar. Tenemos una causa por la cual luchar, un propósito definido en la vida. Subordinamos nuestro insignificante ser personal a un gran movimiento de la humanidad; y si nuestra vida personal parece ser difícil o nuestro ego aparenta sufrir por la subordinación al partido, nos sentimos adecuadamente compensados por el pensamiento de que cada uno de nosotros en su

Dedicación

pequeña medida está contribuyendo a algo nuevo y verdadero y mejor para la humanidad. Hay una cosa acerca de la cual estoy completamente convencido, y esa es la causa comunista. Es mi vida, mi negocio, mi religión, mi pasatiempo, mi novia, mi esposa, mi amante, mi pan y mi carne. Trabajo por ella de día y sueño con ella de noche. Su ascendencia sobre mí crece, no disminuye, a medida que pasa el tiempo; por lo tanto, no puedo sobrellevar una amistad, una relación, ni siquiera una conversación sin relacionarla con esta fuerza que tanto empuja como guía mi vida. Evalúo a la gente, las miradas, las ideas y las acciones según la forma en que afectan la causa comunista, y por su actitud hacia ella. Ya he estado en la cárcel por mis ideales, y si es necesario, estoy preparado a enfrentar un pelotón de fusilamiento.

Eso, mi amigo, es dedicación total. La búsqueda del carácter maduro debe incluir este rasgo tan singular y esencial. ¡No le tengas miedo! Semejante dedicación a la excelencia no sólo es singular; es contagiosa.

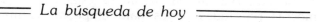
La búsqueda de hoy

¿Necesitas una meta fresca y desafiante? Lee Isaías 58. Concéntrate en el versículo 12. Considera la posibilidad de desempeñar uno de estos tres papeles: "reedificador", "reparador", "restaurador". Los tres están disponibles. Durante algunos momentos de quietud, pídele a Dios que te dé un corazón sensible a los que están en tu alrededor. Dale las gracias por haberte reedificado, reparado y restaurado. Dile que eres todo suyo —sin condiciones, sin excepciones, sin reservas.

Soñar

Tom Fatjo está metido en la basura.
No siempre ha sido así. Antes era un callado y eficiente ejecutivo en contaduría. Otro de esos universitarios muy correctos que seguían el camino tradicional, evitando todo riesgo y acostumbrándose a una vida muy predecible. Aburrida pero estable. Segura. Todo seguía el curso planeado hasta aquella noche en la cual Tom se encontró rodeado de un grupo de vecinos iracundos. Mientras estaba sentado en medio de toda esa gente irritada en el Club Cívico, las ruedas internas de su cerebro empezaron a girar.
La ciudad se había negado a recolectar la basura del vecindario. Los vecinos habían contratado a una compañía privada para hacerlo pero ahora esa compañía tenía serios problemas. Así que la basura se estaba acumulando. Había moscas por todas partes para empeorar el martirio de ese caluroso verano tejano. Las palabras acaloradas volaban por el salón.
Esa noche Tom Fatjo no podía dormir.
Una idea descabellada seguía dando vueltas por su cabeza. Un sueño demasiado irreal para admitirlo a otro. Un sueño que engendró una serie de pensamientos increíbles y que resultaron en la compra de un camión para residuos. Lo cual lo condujo a una aventura de diez años que cuesta poder creer. Se transformó en la compañía de eliminación de desechos sólidos más grande en el mundo, Browing-Ferris Industries Inc., con ventas anuales de más de 500 *millones* de dólares. Y eso fue sólo el comienzo. Tom ha desempeñado un papel fundamental en la formación de más de diez compañías adicionales —compañías grandes—

Soñar

como la Criterion Capital Corporation, cuyas sucursales y filiales manejan más de 2 *mil millones* de dólares.
Y pensar que todo comenzó con un camión de basura.
No, con un sueño.
Una idea impensable, aterrorizadora, completamente loca que no lo dejaba dormir. Levantándose silenciosamente para no despertar a su esposa Diane, ni a su hija, se sentó y miró la luna, alta y blanca, a través de la ventana. Escucha sus palabras:

> En esa época vivíamos con $750 por mes. Mis socios y yo habíamos acordado al comenzar nuestra empresa de contaduría ahorrar viviendo con un ingreso reducido, así que no había duda que me vendría bien un dinero extra. Mis metas eran un ingreso mayor y la resolución del problema de la basura del vecindario. Después hice una lista de la información económica necesaria para ver si era viable el negocio de la basura. Soñé un poco más acerca de ser un basurero y me reí en voz alta al imaginar la expresión de la gente al enterarse que el conservador Tom Fatjo con sus camisas blancas y trajes oscuros estaba manejando un camión de basura. Pero el entusiasmo por hacerlo era mucho más profundo que el atractivo de hacer algo diferente. No sabía exactamente por qué, pero de repente esta idea alocada me era muy importante.[29]

Así son los sueños. Especialmente cuando Dios toma parte. Parecen alocados (¡y lo son!). Comparados con el triángulo equilátero de la lógica, el costo y el tiempo, los sueños nunca son congruentes. No vuelan cuando se los prueba contra la gravedad de la realidad. Y lo más raro de todo: cuanto más se les dice "no se puede", tanto más palpitan "se puede" y "se hará" y "se debe".

¿Qué hay detrás de los grandes logros? Inevitablemente hay grandes personas. ¿Pero qué tienen esas "grandes personas" que las hace diferentes? No es la edad ni el sexo ni la raza ni la herencia ni el ambiente. No; tiene que ser algo dentro de su cabeza. Es gente que *piensa* de un modo diferente. Gente cuyas ideas se entretejen en un patrón significativo en el telar de los sueños, con coloridos hilos de imaginación, creatividad y aun

fantasía. Está entre aquellos de quienes las Escrituras dicen que "soñarán sueños y verán visiones".
Pero hay otro grupo de gente igualmente grande —aquellos que están *casados* con estos videntes modernos. Mi consejo es el siguiente: Denles espacio a los soñadores. No les den demasiado con los "no se debe" ni los "no se puede", ¿estamos? Los sueños son cosas frágiles a las cuales les cuesta surgir de una nube de negativismo, de frases tales como "¿con qué dinero?" y "demasiado problema". Tengan paciencia. El suyo es un llamado especial. De hecho, son socios del proceso... así que estén preparados para cualquier cosa. ¡Y eso quiere decir cualquier cosa!
Cualquiera sea la cosa en la cual se mete un soñador, también lo hace su cónyuge. Alégrense de no ser una señora llamada Diane, que tiene que meterse en lo que se ha metido su marido.

La búsqueda de hoy

El crecimiento, aunque sea tan silencioso como la luz, es una de las pruebas prácticas de la salud. Ciertamente es verdad en el reino espiritual. ¿Y el resultado del crecimiento en Cristo? Fruto. Lee Juan 15 y después vuelve a leer con atención los versículos 1-7. "Nada de fruto. Fruto. Más fruto. Muchos frutos". ¿Dónde estás tú en ese espectro? Piensa acerca de tu crecimiento y la medida de tus frutos al pasar un rato con el Señor hoy.

---

29. Tom J. Fatjo, hijo, y Keith Miller, *With No Fear of Failure* (Sin miedo al fracaso) (Waco, Tex.: Word Books, 1981), pág. 23.

Caricaturas

La mayor parte de nosotros no se da cuenta de las caricaturas, las inverosímiles y distorsionadas imágenes mentales que la gente tiene de los "santos" que asisten al templo portando sus Biblias. Es verdad. Representamos una hueste de conceptos fantasmales y difíciles de entender. Nos referimos a "nacer de nuevo" aunque rechazamos la reencarnación. Eso es *raro* para los de afuera. Hablamos en voz alta con una Persona que no podemos ver y entregamos todo nuestro futuro a Quien nunca hemos visto porque un Libro que creemos que él escribió (aunque no lo vimos hacerlo) nos dice que lo deberíamos hacer. Es una dosis bastante fuerte para que algunos la traguen. Decimos que somos seguidores de Cristo pero hay veces que nos comportamos como el diablo. Decimos ser ciudadanos del cielo pero caminamos sobre la tierra. Hablamos acerca del amor y el perdón, la pureza y la compasión pero asesinamos con nuestra boca, adulteramos con nuestros ojos e ignoramos con nuestros oídos.

Tú y yo comprendemos estos contrastes porque hemos sido cuidadosamente instruidos, así que hemos aprendido acerca de la lucha entre la carne y el espíritu. Dejamos un margen para tales contradicciones . . . pero el tipo de afuera no. Mentalmente construye una conglomeración distorsionada de cosas que son una mezcla de exageración, confusión y hechos. El mundo ve cómo nos aprovechamos el uno del otro y nos imagina con dos caras y dos lenguas. En un momento débil o apurado hacemos un par de comentarios estúpidos —así que se le agrega una cabeza hueca a la caricatura. No sé cuántas personas me han dicho que una de las grandes batallas que tuvieron que librar

antes de convertirse fue aquella en contra del temor de tener que cometer un suicidio intelectual. Inclinamos la cabeza asintiendo que "es mejor dar que recibir" y después pasamos nuestros días tomando y agarrando— hasta que nuestras manos se agrandan y nuestros ojos sobresalen por la avaricia. ¡Qué difícil es encontrar modelos auténticos del carácter cristiano!
Nuestra lista de preocupaciones es larga aunque decimos que él lleva nuestras cargas... nuestra paciencia con la camarera es corta aunque ella nos haya visto orar... nuestra forma de manejar frecuentemente se encuentra en algún punto entre una desconsideración irritante y una franca ilegalidad aunque la calcomanía de atrás nos identifique como ejemplos del mensaje evangelizador. Deberíamos sonrojarnos. O taparnos la cara con una máscara. O, mejor aun ¡hacernos invisibles!
Es cierto que las caricaturas son anomalías falsas, representaciones extremas. Pero ocasionan barreras formidables cuando surge el tema del cristianismo. Se supone que la cruz es ofensiva, no el cristiano. La muerte y la resurrección de Cristo tienen el poder suficiente para penetrar como una espada de dos filos. Pero, quiérase o no, los modelos falsos desafilan la hoja.
La respuesta no es tratar de ser perfectos (una pérdida de tiempo) ni quitar la calcomanía que dice "Jesús es el Señor" (un escape) ni disculparse a cada rato (un castigo) para intentar borrar todas las caricaturas. Hay que darse cuenta que alguna gente no cambiaría sus ideas erróneas acerca de los cristianos aunque cada uno de nosotros de repente fuera más devoto que Juan el Bautista. Además, la vida de fe y nuestras convicciones profundamente significativas no pierden valor porque la mayoría en nuestra época elija caminar por vista y burlarse de aquellos que no lo hacen.
¿A qué viene todo esto? No puedes cambiar el modelo de otros cristianos. Ni puedes cambiar la opinión de los no cristianos. Pero sí puedes hacer algo acerca de la falta de carácter dentro de *tu* propia piel.
La presencia de caricaturas no importa tanto como la ausencia de carácter.

Caricaturas

La búsqueda de hoy

El deseo intenso de Pablo era: "de conocerle, y el poder de su resurrección, y la participación de sus padecimientos, llegando a ser semejante a él en su muerte" (Filipenses 3:10). ¿Cuál es el tuyo? Piénsalo.

Lee Filipenses 3.

El regalo que perdura

A veces es difícil saber qué tipo de regalo comprarles a nuestros amigos y seres queridos para ocasiones especiales. Para algunas personas (especialmente aquellas que "tienen de todo") el regalo común y corriente no va. No podemos encontrar nada apropiado.

Tengo una sugerencia. Puede ser que no parezca muy caro ni suene muy novedoso, pero siempre funciona. Es uno de esos regalos que tienen gran valor pero no tienen precio. No se pueden perder y nunca se olvidan. No existe el problema del talle tampoco. Van con toda forma, edad y personalidad. Este regalo ideal es... uno mismo. No olvides el valor de la generosidad en tu búsqueda del carácter maduro.

Así es; regala algo de ti mismo.

Dale una hora de tu tiempo a alguien que te necesita. Dale una notita de aliento a alguien que está triste. Dale un abrazo de afirmación a alguien en tu familia. Dale una visita de misericordia a alguien marginado. Dale una comida que tú mismo preparaste a alguien que está enfermo. Dale una palabra de compasión a alguien que acaba de perder su pareja. Dale un gesto de amabilidad a alguien que es lerdo y fácilmente dejado de lado. Jesús enseñó que "en cuanto lo hicisteis a uno de estos mis hermanos más pequeños, a mí lo hicisteis" (Mateo 25:40).

Teddy Stallard no tenía ningún problema en ser clasificado como uno de los "más pequeños". Falto de interés en la escuela. Ropa maloliente y arrugada; pelo siempre despeinado. Uno de esos chicos inexpresivos con una mirada vidriosa y desenfocada. Cuando la señorita Thompson le hablaba a Teddy, siempre contestaba con monosílabos. Sin atractivo, sin motivación y distante, simplemente era difícil de querer. Aunque su maestra decía que quería a todos los alumnos de su clase por igual, en el fondo no estaba siendo completamente honesta. Cuando corregía las hojas de Teddy, sentía un cierto placer perverso al marcar las respuestas incorrectas con una X y cuando le ponía la nota, siempre por debajo de lo aceptable, lo hacía con un cierto aire de satisfacción. Tendría que haber comprendido; tenía la ficha de Teddy y sabía más acerca de él de lo que quería admitir. La ficha decía:

Primer grado: Teddy evidencia buen potencial con su trabajo y su actitud pero tiene una mala situación en el hogar.
Segundo grado: Teddy podría andar mejor. La madre está enferma de gravedad. Recibe poca ayuda en la casa.
Tercer grado: Teddy es un buen niño pero es demasiado serio. Es lento en el aprendizaje. La madre murió este año.
Cuarto grado: Teddy es muy lento, pero se porta bien. El padre no demuestra ningún interés por él.

    Llegó la Navidad y los niños de la clase de la señorita Thompson le llevaron regalos de Navidad. Apilaron los regalos en su escritorio y se amontonaron para ver cómo los abría. Entre los regalos había uno de Teddy Stallard. Ella se sorprendió de que le hubiera hecho un regalo, pero era innegable que lo había hecho. El regalo de Teddy estaba envuelto en papel madera y sujetado con un adhesivo barato. En el papel se hallaban escritas las siguientes palabras: "Para la señorita Thompson de Teddy". Cuando abrió el regalo, descubrió una pulsera ordinaria con piedras falsas, la mitad de las cuales faltaba, y un frasco de perfume barato.
    Los otros niños empezaron a reírse y burlarse de los regalos de Teddy pero la señorita Thompson logró hacerlos callar al ponerse la pulsera inmediatamente y luego ponerse algo de perfume en la muñeca. Extendiendo el brazo para que los niños

El regalo que perdura

pudieran sentirlo, dijo: "¿No huele rico?" Y los niños, siguiendo el ejemplo de la maestra, respondieron prestamente con el murmullo generalizado de "¡Mmmm!"

Al final del día, cuando las clases habían terminado y los otros chicos se habían ido, Teddy se quedó. Se acercó lentamente al escritorio y dijo suavemente: "señorita Thompson... señorita Thompson, usted huele igual que mi mamá... y la pulsera de ella le queda muy bien, también. Me alegro de que le hayan gustado mis regalos". Cuando Teddy se fue, la señorita Thompson se puso de rodillas y le pidió a Dios que la perdonara.

El próximo día cuando los niños volvieron a la escuela encontraron una nueva maestra. La señorita Thompson se había transformado en otra persona. Ya no era sólo una maestra; se había convertido en un agente de Dios. Ahora era una persona dedicada a amar a sus niños y a hacer cosas por ellos que perduraran. Ayudó a todos los niños, pero a los niños lerdos de una manera especial y a Teddy Stallard de una manera muy especial. Para fines de aquel año, Teddy evidenciaba una mejoría dramática. Había alcanzado a la mayor parte de los compañeros y hasta estaba más adelantado que algunos.

No supo nada de Teddy por mucho tiempo. Un día recibió una nota que decía:

Querida señorita Thompson:
Quería que fuera la primera en saberlo.
Me recibiré con el segundo promedio de mi curso.
Cariños de
Teddy Stallard

Cuatro años después, llegó otra nota:

Querida señorita Thompson:
Me acaban de decir que me recibiré con el primer promedio de mi curso. Quería que fuera la primera en saberlo. La universidad no ha sido fácil, pero me ha gustado.
Cariños de
Teddy Stallard

Y cuatro años después:

> Querida señorita Thompson:
> A partir de hoy, soy Theodore Stallard, médico cirujano. ¿Qué tal? Quería que fuera la primera en saberlo. Me voy a casar el mes que viene, el 27 para ser exacto. Me gustaría que viniera y se sentara donde se sentaría mi madre si estuviera viva. Usted es toda la familia que me queda ahora; papá murió el año pasado.
> Cariños de
> Teddy Stallard

La señorita Thompson fue a esa boda y se sentó donde se habría sentado la madre de Teddy. Merecía sentarse allí; había hecho algo por Teddy que él nunca podría olvidar.[30]

¿Qué puedes dar tú como regalo? En vez de sólo dar algo que se compra, arriésgate a dar algo que perdura. Sé realmente generoso. Date a ti mismo a un Teddy Stallard, a uno de los "más pequeños", a quien puedes ayudar a convertirse en uno de los más grandes.

La búsqueda de hoy

El amor. No se puede enfatizar un tema más grande. No se puede proclamar un mensaje más fuerte. No se puede cantar una canción más bella. No se puede imaginar una verdad mejor. "Oh, profundo amor de Cristo". Que ése sea tu lema, tu canción, tu pensar hoy al adorar al Hijo.

Lee 1 Juan 2:7-10, 3:13-24.

---

30. Anthony Campolo, *Who Switched the Price Tags?* (¿Quién cambió las etiquetas de los precios?) (Waco, Tex.: Word Books, 1986), págs. 69-72. Usado con permiso.

Un momento para la verdad

"Sólo deme los datos, señora; todo lo que quiero son los datos".

Se llamaba Friday, el Sargento Friday del Departamento de Policía de Los Angeles. Cínico. Lacónico. Insensible. Esos ojitos inexpresivos. Esa mente clínica. Dondequiera que fuera, cualquier acción que tomara, siempre quería "los datos". Esas preguntas, esas palabras ametralladas, estaban diseñadas para recibirlos. Podía haber humor, suspenso, sorpresa o aun amor entretejidos en la trama del episodio, pero ninguna de estas cosas desviaban al héroe de la serie televisiva. Estaba permanentemente a la búsqueda de una sola cosa —*los datos*.

Hoy es sólo un recuerdo. Fue el primero pero no, por cierto, el último de los interesantes y aventureros detectives de la televisión. Desde el ocaso de Friday hemos visto a Kojak, Mannix, Rockford, McGarrett, Barnaby Jones, Matt Houston, Mike Hammer, Thomas Magnum y otros que llevan el uniforme azul en Hill Street y luchan contra el vicio en Miami. Pero todos tienen una cosa en común. Para resolver el crimen, cada uno necesita la misma cosa. Lo único que puede completar el rompecabezas y servir en el tribunal. Los datos.

Hay algo reconfortante en los datos. Algo estabilizante y seguro, hasta aliviador. El siguiente comentario de Churchill viene al caso:

Paso con alivio del turbulento mar de la Causa y de la Teoría a la tierra firme del Resultado y del Dato.[31]

Nunca olvidaré una escena estudiantil que transcurrió hace unos veinticinco años. Como de costumbre, estaba sentado en la primera fila. Uno de los profesores más difíciles de los estudios graduados lanzó una pregunta. Salté para responderla con demasiado celo y entusiasmo. Me dejó continuar hasta que se hizo evidente que mi posición era en extremo débil. Me miró fijamente, frunció el ceño y me dijo: "Señor Swindoll, si insiste en avanzar un paso más en esa rama débil, voy a serrucharla con una serie dura de datos". Todavía puedo sentir los dientes de ese serrucho mental. Era famoso en la Facultad por tener pocos sentimientos y muchos datos. Datos testarudos, irresistibles, innegables. Entonces le tenía miedo. Hoy he cambiado el miedo por el respeto.

En una época de mucho énfasis en las emociones, especialmente en círculos religiosos, ya es hora de volver a algunos datos. No el tipo de datos usado por la gente para sentarse a discutir sobre trivialidades teológicas o minucias bíblicas que nadie puede usar y ni siquiera necesita saber. Sino datos que dan confianza y tranquilidad. Verdades sólidas, fundamentales, esenciales que nos dan valor cuando amenazan las tormentas. Y créeme que *están* amenazando.

Asir los datos bíblicos esenciales es como manejar el timón con mano firme mientras el viento arremolina el agua alrededor del barco. ¿Dónde encontramos estas verdades vitales? En la Palabra de Dios. ¿Y cómo empezamos? Aquí van algunas sugerencias:

* Formar un grupo para hacer un estudio semanal de un libro de la Biblia o de las doctrinas básicas. El pastor o el personal de las librerías cristianas pueden ayudar en la selección de libros *fiables y entendibles* o de material para estudio individual.
* Anotarse en una o dos clases nocturnas en el seminario o instituto bíblico más cercano —o ver la posibilidad de hacer un buen programa por correspondencia.
* Empezar un programa para leer toda la Biblia que requiera el contacto diario con la Palabra. Se puede invitar a un amigo a acompañarle en este

peregrinaje diario, comparando el progreso semanalmente. Las investigaciones demuestran que lleva tres a cuatro semanas para convertir la actividad en hábito.

A medida que este flujo vivificador de verdad corra por tus venas espirituales, te verás cada vez menos intimidado por las tormentas y más capaz de navegar en medio de las nubes. No es una exageración dramática añadir que te pararás más derecho y pensarás más claramente al ir juntando y organizando estos datos bíblicos en tu arsenal lógico.

Lo mejor de todo es que te convertirás en alguien diferente, con una distinción muy excepcional en nuestra época: un cristiano con valor... un creyente que crece y aprende al caminar con Cristo.

Las palabras de Aleksandr Solzhenitsyn me tocan profundamente:

> ¿Hace falta señalar que desde tiempos antiguos la disminución del valor ha sido considerada el comienzo del fin?[32]

Todavía nos necesitamos mutuamente. Todavía necesitamos sentir y disfrutar al Señor, relacionarnos con él, cantar sus alabanzas. Sí... más que nunca.

Pero también creo que necesitamos saber lo que creemos. Y por qué lo creemos. Hace falta un armazón sólido de verdad unido con una red impenetrable de datos. Es hora de decir la verdad en relación con nuestras raíces doctrinales. La "disminución de valor" del cristiano se está haciendo demasiado obvia.

Alentémonos mutuamente en esta búsqueda esencial. Los creyentes necesitamos poner nuestros datos en orden como nunca. ¡Lo último que necesitamos es encontrarnos en la punta de una rama débil!

=========== La búsqueda de hoy ===========

¿Quién puede medir el impacto de la Palabra de Dios? En un mundo sin normas, donde todo es relativo, donde el paso es agotador y

los precios son exhorbitantes, hay una gran seguridad en abrir el Libro eterno de Dios y oír su voz. Calma nuestros temores. Despeja nuestra mente. Reconforta nuestro corazón. Corrige nuestro caminar. Confirma nuestra consagración. Dale entrada hoy. Repite lo que el joven Samuel una vez dijera: "Habla, porque tu siervo oye".
Lee Deuteronomio 30:11-14.

---

31. Sir Winston Churchill, *Familiar Quotations* (Citas conocidas) ed. John Bartlett (Boston, Mass.: Little, Brown and Company, 1980), pág. 868.
32. Alexandr Solzhenitsyn, *East and West* (Este y oeste) (New York: Harper & Row, 1980), pág. 45.

La garra

Ya no se oye hablar mucho acerca de la garra. Es una lástima, ya que la necesitamos más que nunca estos días. Fui criado con garra y hasta el día de hoy sigo usando la palabra en mi casa... especialmente cuando quiero motivar a mis hijos. Me encontré con ella otra vez mientras leía *Zen and the Art of Motorcycle Maintenance* (Zen y el arte del mantenimiento de la motocicleta) —¡ese sí que es un gran título!— de Robert Pirsig, donde exalta todo lo que la garra representa. Dice:

> Me gusta la palabra "garra" porque es tan sencilla y tan triste y está tan fuera de moda que pareciera necesitar un amigo y no estar en condiciones de rechazar a ninguno. En inglés es una antigua palabra escocesa, utilizada mucho en una época por los pioneros pero... parece haber virtualmente desaparecido del uso corriente...
> La persona con garra no se queda sentada, disipándose y masticando los problemas. Está al frente del tren de su propia conciencia, vigilando el carril para ver lo que hay y poder salir a su encuentro.[33]

Un poco más adelante Pirsig lo aplica a la vida, escondiendo sus comentarios detrás de la imagen mental de la reparación de una motocicleta:

> Si va a reparar una motocicleta, la primera y más importante de las herramientas es una provisión adecuada de garra. Si no la tiene, más vale juntar todas las demás herramientas y guardarlas, porque no le servirán de nada.

La garra es la nafta psíquica que lo mantiene todo en movimiento. Si no la tiene, no hay manera de arreglar la motocicleta. Pero si la tiene y sabe cómo guardarla, no hay nada en el mundo que impida que se arregle esa motocicleta. Tiene que ocurrir. Por lo tanto la cosa que debe ser monitoreada en todo momento y preservada ante todo es la garra.[34]

Es una pena que la antigua palabra se esté perdiendo, especialmente cuando ahora es mucho más común darse por vencido que terminar. Estoy de acuerdo con ese autor que quisiera inaugurar todo un campo académico nuevo sobre el tema. ¿Puedes imaginar la siguiente carrera en el programa de estudio de alguna Facultad: "Garracología"? Sin embargo, eso nunca ocurrirá ya que más que aprenderla, se la pesca. Al igual que otros rasgos del carácter, está tan sutilmente entretejida en la tela de la vida que pocos se detienen para identificarla. Está escondida como las gruesas barras de hierro dentro de las columnas de concreto que sostienen las autopistas de diez carriles. La garra puede estar escondida, pero es una herramienta importante para hacer un trabajo.

La garra nos permite ahorrar dinero en vez de gastar todo lo que ganamos. Nos hace seguir con una tarea difícil, como la de construir un modelo tedioso o de completar una mejora o de practicar el piano o de perder peso —y mantenerlo perdido... o de leer toda la Biblia en un año. La mayor parte de la gente tiene algo de garra en su paquete natal, pero es una herramienta que se oxida con bastante facilidad. Aquí hay un poco de papel de lija:

1. *La garra comienza con un firme compromiso.* Daniel "propuso en su corazón no contaminarse" (1:8) mucho antes de encontrarse en un campo babilónico. Josué no titubeó en declarar su compromiso en su famoso discurso de "pero yo y mi casa" (24:15) ante los israelitas. Isaías dijo: "puse mi rostro como un pedernal" (50:7), lo cual es otra forma de decir que había tomado una decisión firme. En vez de empezar con todo, la tendencia humana es de ponderar, volver a pensar, jugar con una idea hasta que se atasca en un viscoso pantano de indefinición. Una vieja receta para un plato de conejo

comienza con la siguiente indicación: "Primero, atrapar el conejo". Eso pone a las cosas en su relación justa. Si no hay conejo, no hay plato. ¿Quieres que la garra te dure hasta el fin? ¡Empieza con todo!

2. *La garra significa disciplina diaria.* En vez de enfocar el todo, toma las cosas paso por paso. La totalidad de cualquier objetivo puede intimidar al más valiente. ¿Estás escribiendo un libro? Hazlo una página a la vez. ¿Estás corriendo un maratón? Esos kilómetros se corren un paso a la vez. ¿Estás tratando de aprender un nuevo idioma? Intenta hacerlo una palabra a la vez. Hay 365 días en el año promedio. Divide cualquier proyecto por 365 y ninguno parece ser tan intimidante, ¿verdad? Hace falta disciplina diaria (estilo Proverbios), no disciplina anual.

3. *La garra incluye el estar alerta a las tentaciones sutiles.* Robert Pirsig habló de estar al frente del tren de nuestra propia conciencia, vigilando el carril para poder enfrentar lo que venga. La garra hace planes . . . vigilando contra asociaciones que nos debilitan (Proverbios 13:20), dilaciones que nos roban (Proverbios 24:30-34) y racionalizaciones que nos mienten (Proverbios 13:4, 25:28). Las personas que logran sus metas se mantienen alertas. Nuestro adversario es un estratega maestro, permanentemente nublándonos la vista con cortinas de humo que entorpecen nuestros sentidos. Si fuera posible que Dios muriera y lo hiciera esta mañana, algunos no se enterarían por tres o cuatro días. La garra nos despierta, nos mantiene los ojos bien abiertos, siempre listos.

4. *La garra requiere el fomento de la responsabilidad.* Las personas —especialmente los amigos íntimos— mantienen nuestros tanques llenos de entusiasmo. Nos comunican que lo podemos lograr en una docena de maneras distintas. Cuando David había llegado a la marea baja de su ánimo, intervino Jonatán. Justo cuando Elías estaba por dejar todo, apareció Eliseo. Pablo tenía a Timoteo . . . o a Silas o a Bernabé o al doctor Lucas. La gente necesita de otra gente y

es por eso que Salomón se expresó tan fuertemente acerca de aguzar el hierro con hierro (Proverbios 27:17).

5. *La garra llega con más facilidad cuando recordamos que hay recompensas únicas en el hecho de terminar.* Jesús dijo que había "acabado" su tarea (Juan 17:4). En más de una ocasión Pablo hizo referencia a "acabar la carrera" (Hechos 20:24, 2 Timoteo 4:7). Aquellos que sólo comienzan proyectos nunca llegan a conocer el brote de satisfacción que sólo llega al golpear las manos, limpiar el sudor de la frente y pronunciar aquella hermosa palabra: "¡Terminé!" El deseo cumplido es dulce para el alma.

¿Deseas que el carácter de Cristo se forme en ti? No hay búsqueda más importante. ¿Estás en camino? ¡Bien hecho! Si el camino parece ser largo hoy, disfruta un poco de viento a tus espaldas con estas palabras. Es uno de esos pasajes con garra:

> No nos cansemos, pues, de hacer bien; porque a su tiempo segaremos, si no desmayamos (Gálatas 6:9).

═══════════════ *La búsqueda de hoy* ═══════════════

¡Hoy es un día único! Nunca antes se llevó a cabo y nunca se volverá a repetir. Terminará a la medianoche, silenciosamente, repentinamente, totalmente. Para siempre. Pero las horas entre ahora y entonces son oportunidades con posibilidades eternas. Nunca más adorarás a tu Señor ni compartirás su amor con otro *hoy*. Con su poder, vive este día plenamente —como si fuera tu último día sobre la tierra. Puede serlo.

Lee Gálatas 6:1-10.

---

33. Robert M. Pirsig, *Zen and the Art of Motorcycle Maintenance* (Zen y el arte del mantenimiento de la motocicleta) (New York: Bantam Books, 1974), págs. 272, 273.
34. Ibid.

Fe de aguas profundas

Hace varios años ocurrió una cosa graciosa. Edith, madre de ocho niños, estaba volviendo a casa después de visitar a una vecina un sábado por la tarde. Había demasiado silencio cuando atravesó el jardín. Curiosa, entró silenciosamente y vio a cinco de sus hijos menores agrupados, concentrados en algo. Se acercó más, tratando de descubrir el centro de atención. No podía creer lo que veían sus ojos. En medio del círculo formado por los niños había cinco zorrinitos.

Edith gritó con todas sus fuerzas: "Rápido, niños... ¡corran!" Cada niño agarró un zorrino y salió corriendo.

Algunos días son así ¿no es cierto? Uno piensa que tiene suficientes problemas—y uno intenta sortearlos. Cuando lo hace, se multiplican.

Jesús no estaba exento de tales presiones cuando vivió entre nosotros. En una ocasión en particular, las cosas estaban sucediendo a un paso tan rápido que no tenía respiro. Estoy pensando en aquellos acontecimientos descritos en Lucas 4:31-44. Enseñaba en la sinagoga. Contestaba las preguntas de la gente, enfrentaba su crítica, evadía las balas de los fariseos y de los saduceos, lanzaba fuera los demonios, vivía con las complicaciones que acompañan la popularidad, sanaba a los enfermos, enfrentaba las fuerzas del mal . . . está todo ahí. Verifícalo por tu propia cuenta.

Intentó encontrar un lugar tranquilo, y fue encontrado por gente que "le buscaba, y llegando a donde estaba, le detenían para que no se fuera de ellos" (Lucas 4:42). No había escapatoria. El agotador público seguía drenando su energía.

Por fin, según el quinto capítulo de Lucas, encontró un lugar para estar a solas, relativamente, y se subió a un barco y se sentó.

Una vez que recuperó el aliento empezó a enseñar "desde la barca a la multitud". ¡Qué hombre! Aunque sus emociones estaban gastadas y su cuerpo estaba cansado, persistió. Por fin pudo hacer un cierre —por lo menos con la multitud. Pero había un asunto pendiente que Jesús necesitaba terminar. Veamos cómo lo describe Lucas.

> Cuando terminó de hablar, dijo a Simón: Boga mar adentro, y echad vuestras redes para pescar. Respondiendo Simón, le dijo: Maestro, toda la noche hemos estado trabajando, y nada hemos pescado; mas en tu palabra echaré la red (5:4, 5).

Nadie puede criticar a Pedro por ser algo reacio. El viejo Simón conocía esas aguas. Además, había estado en eso toda la noche y no pasaba nada. Mucho trabajo, nada de resultados. Es natural que frunciera el ceño y resistiera. Pero sabiamente accedió. Lo que pasó no es nada menos que milagroso.

> Y habiéndolo hecho, encerraron gran cantidad de peces, y su red se rompía. Entonces hicieron señas a los compañeros que estaban en la otra barca, para que viniesen a ayudarles; y vinieron, y llenaron ambas barcas, de tal manera que se hundían (5:6, 7).

Como me encanta pescar, esa escena me resulta terriblemente invitadora. Quiero decir, ¡tantos pescados que los dos barcos se empezaron a hundir! ¿Mi primera reacción? "¡Qué forma de irse!" Si hay que morir, ¿puede haber algo más satisfactorio para un pescador que morir hundido hasta la cintura en pescados?

He pescado cuarenta truchas grandes cerca de la Isla Matagorda en menos de cuarenta y cinco minutos. He pescado más de treinta salmones premiados en Alaska en poco más de una hora. He pescado el límite de pescados permitidos temprano una mañana en Canadá, un enorme tiburón cerca de Miami, un atún en la costa norte de Kauai . . . ¡pero nunca he estado en un barco tan cargado de pescados que se empezara a hundir!

Eso es porque nunca he pescado con Jesús. Cuando el

Fe de aguas profundas

Señor de la tierra, el mar y los cielos está en control, las cosas suceden... lo cual explica la reacción explosiva de Pedro:

> Viendo esto Simón Pedro, cayó de rodillas ante Jesús, diciendo: Apártate de mí, Señor, porque soy hombre pecador. Porque por la pesca que habían hecho, el temor se había apoderado de él, y de todos los que estaban con él, y asimismo de Jacobo y Juan, hijos de Zebedeo, que eran compañeros de Simón (5:8-10a).

¿Notas algo diferente? Más temprano Pedro lo había llamado "Maestro" a Jesús. Después del milagro, lo llamó "Señor". Sobrecogido por el descubrimiento de que estaba en la barca con el Dios viviente, Pedro hace eco del antiguo Isaías: "¡Ay de mí!" Para mí, las palabras de Jesús son algo sorprendentes.

> Pero Jesús dijo a Simón: No temas; desde ahora serás pescador de hombres (5:10b).

Allí estaban los dos, hasta las caderas en pescado. ¿Acaso le habló Jesús acerca de los pescados? No. Los pescados significaban poco; eran una oportunidad para enseñar un mensaje más profundo por analogía. Tenía la pesca de seres humanos en su corazón. Su verdadero mensaje era sobre la fe de aguas profundas. ¿Entendieron los pescadores el mensaje?

> Y cuando trajeron a tierra las barcas, dejándolo todo, le siguieron (5:11).

Asombroso, ¿no? Una vez que escucharon su invitación, literalmente dejaron todo y corrieron tras él.
Pondera ese "todo".
El oficio de toda la vida. El entorno conocido. Sus propias metas. Sus redes, barcas y negocio. Todo. Para ser franco, estoy impactado por su respuesta. He estado pensando mucho sobre ello.
Estoy listo para sugerir seis razones por las cuales la gente

está dispuesta a dejarlo todo y seguir a Jesucristo. Cada razón podría ser expresada como un principio.
1. *Jesús elige no ministrar a otros solo.* Podría hacerlo. Pero deliberadamente elige no hacerlo. Podría haber remado ese barco él mismo. No lo hizo (v. 3). Podría haber bajado las redes. No lo hizo (v. 4). Sin duda podría haber levantado las redes cargadas de pescados. Lo hicieron ellos (v. 6, 7). ¿Y lo notaste? Dijo específicamente que "desde ahora serás pescador de hombres" (v. 10).
2. *Jesús usa lo conocido para hacer lo increíble.* Fue a su territorio (lago, barco). Entró a su lugar de trabajo (pesca) y les hizo usar sus destrezas (redes). En ese ambiente tan conocido, los hizo conscientes de posibilidades increíbles.
3. *Jesús nos corre de la seguridad de lo visible a los riesgos de lo invisible.* No pasó nada cerca de la orilla. Los guió específicamente "mar adentro", a las aguas profundas donde nadie podía pisar el fondo. Fue recién entonces que les mandó bajar las redes. La profundidad siempre está llena de incertidumbres.
4. *Jesús prueba el potencial al romper nuestras redes y al llenar nuestras barcas.* Ni uno de esos pescadores cansados y mojados habría apostado siquiera un denario a que había tantos peces en ese lago. ¡Y menos que menos donde acababan de pescar! Cuando la mano de Dios está sobre una situación, las redes se rompen, los ojos saltan, los tablones de la cubierta ceden y los barcos casi se hunden. Es su manera de poner el potencial a la vista.
5. *Jesús esconde sus sorpresas hasta que sigamos sus indicaciones.* Todo estaba como siempre en la superficie. Las barcas no tenían una aureola, las redes no despedían una energía tangible, el agua del lago no brillaba. No. La sorpresa divinamente preparada sólo llegó después de haber bajado las redes. Recuerda que no fue sino después de haber seguido las indicaciones de Jesús que Pedro cambió "Maestro" por "Señor".
6. *Jesús revela su objetivo a aquellos que sueltan su seguridad.* Podía leer su disposición en el rostro. Entonces (y sólo entonces) les dijo que estarían ocupados en pescar hombres

(v. 10). ¿Y sabes una cosa? —¡asieron la oportunidad de inmediato!

¿Está tu vida llena de citas, actividades, líos y apuros? ¿Encuentras toda tu seguridad en tu trabajo... en tus propios logros? ¿Has relegado temporariamente tu búsqueda del carácter maduro mientras corres más rápidamente e intentas cambiar de posición? Tal vez sea hora de tomar un viaje mental mar adentro, a aguas profundas. Toma el tiempo de escuchar, o podrás intensificar tu problema. Y cuando Jesús diga: "Sígueme", hazlo. A diferencia de los hijos de Edith, deja todo y corre.

La búsqueda de hoy

Cuando se encontraba entre la espada de la crítica y la incomprensión por un lado y la pared de las demandas humanas por el otro, Jesús, "levantándose muy de mañana, siendo aún muy oscuro, salió y se fue a un lugar desierto, y allí oraba" (Marcos 1:35). ¿Te sientes presionado por las multitudes estos días? ¿Arrinconado donde no parece haber escapatoria? ¿La ansiedad está llegando a un nivel insoportable? Detente. Ora. Prueba entregárselo a Aquel que puede manejar tu carga.

Lee Lucas 5.

Liberación

A *Whack on the Side of the Head* (Un golpe en la cabeza) es un libro acerca de cómo romper la inercia y abrir la mente al pensamiento innovador. Al leerlo me volví a dar cuenta de lo fácil que es vivir con una mente cerrada. Como resultado, se sofoca la creatividad y se aplasta la objetividad. La verdadera tragedia es el aburrimiento. Nos convertimos en robots, pensando lo esperado, haciendo lo predecible, perdiendo el gozo del descubrimiento. Al adoptar una actitud creativa, como lo señala el autor Roger von Oech, nos abrimos a nuevas posibilidades y cambios. Pero eso requiere pensar fuera de la prisión de los límites comunes.

Johann Gutenberg es un ejemplo magnífico. ¿Qué hizo? Sencillamente combinó dos ideas previamente desconectadas para crear una innovación. Se negó a limitar el pensamiento al único propósito de la prensa vinícola o al único uso del punzón en monedas. Un día tuvo una idea que nadie había tenido antes: "¿Qué pasaría si tomara un montón de punzones y los pusiera bajo la fuerza de la prensa para que dejaran las imágenes sobre el papel en vez de sobre el metal?" De esa matriz nació la prensa.

Admitamos que la mayor parte de nosotros tenemos ciertas actitudes que toman nuestros pensamientos y los encierran en la Penitenciaría del Statu Quo. Guardas solemnes llamados Temor, Perfeccionismo, Pereza y Tradicionalismo cumplen una vigilia constante por si intentamos escapar. Le debo a von Oech esta lista de diez "candados mentales" que nos aprisionan:

1. LA RESPUESTA CORRECTA.
2. ESO NO ES LOGICO.

3. SIGUE LAS REGLAS.
4. SE PRACTICO.
5. EVITA LA AMBIGUEDAD.
6. ERRAR ES MALO.
7. EL JUEGO ES FRIVOLO.
8. ESE NO ES MI CAMPO.
9. NO SEAS TONTO.
10. NO SOY CREATIVO.[35]

Cada uno de estos "candados mentales" es peligroso para el pensamiento innovador. Porque los hemos oído (y dicho) tantas veces, están fijados en concreto. Nada menos que "un golpe en la cabeza" puede alterar las suposiciones que nos hacen seguir pensando "la misma canción, cuarta estrofa". Esto que es cierto mentalmente también lo es espiritualmente. Nuestros pensamientos y nuestras esperanzas pueden llegar a estar tan determinados por lo predecible que ya no vemos más allá de esas murallas. De hecho, no sólo resistimos las innovaciones, sino que nos ofendemos con cualquiera que las sugiera. ¿Un ejemplo? Los fariseos. Siempre lo estaban criticando a Jesús porque su mensaje y su estilo —en realidad, la libertad con la cual desenvolvía su vida— constantemente estaban desafiando su mentalidad congelada. Lo que ellos consideraban verdad él consideraba tradición. Lo que ellos decían ser obediencia él decía ser hipocresía. A los que ellos llamaban líderes y maestros ("rabí") él llamó "guías ciegos". Hasta tuvo la audacia de decir "habéis invalidado el mandamiento de Dios por vuestra tradición", lo cual hizo que los discípulos le preguntaran: "¿Sabes que los fariseos se ofendieron cuando oyeron esta palabra?" Eso siempre me hace sonreír. Este fue un gran golpe en la cabeza. La liberación, sin embargo, lo requiere.

Antes de que nos sintamos demasiado satisfechos con nosotros mismos, seamos lo suficientemente honestos para admitir que todos tenemos algo de fariseo adentro nuestro. Por más dañino que sea, encontramos mucha seguridad en nuestros barrotes de hierro y nuestras sólidas paredes. Tú y yo podríamos

Liberación

mencionar por lo menos diez "candados espirituales" que nos aprisionan. Cada uno de ellos llega naturalmente, se alimenta del orgullo y penetra las filas del cristianismo. Trágicamente, esta mentalidad encadenada impide que nos brindemos en maneras frescas e innovadoras a otros. Uno de estos candados espirituales sería, sin duda: *"No puedo perdonar"*. Para fortalecer nuestra determinación nos repetimos los daños que se nos ha hecho, reforzando el portón llamado Venganza. Aquí se aplica un relato de Tolstoi:

> Un campesino ruso honesto y trabajador llamado Aksenov dejó a su querida esposa y familia por unos días para visitar una feria cercana. Pasó la primera noche en una hostería donde se cometió un asesinato. El asesino puso el arma homicida en el bolso del campesino dormido. La policía lo descubrió así la mañana siguiente. Permaneció en prisión durante veintiséis años, sobreviviendo con esperanzas amargas de venganza. Un día el verdadero asesino fue encarcelado con él y pronto fue acusado de un intento de fuga. Había estado cavando un túnel que sólo Aksenov había testimoniado. Las autoridades interrogaron al campesino acerca del crimen, dándole por fin la oportunidad de venganza, ya que por la palabra del campesino su enemigo sería azotado casi hasta la muerte.
> Se le pidió a Aksenov que diera testimonio del crimen, pero en vez de aprovechar la oportunidad, la gracia de Dios repentinamente brota en el corazón del campesino, y encuentra que la oscuridad dentro de él ha huido, y está lleno de luz. Se encuentra contestándoles a los oficiales: "No vi nada."
> Esa noche el criminal culpable se acerca al catre del campesino y, sollozando de rodillas, le pide perdón. Y nuevamente la luz de Cristo inunda el corazón del campesino. "Dios te perdonará", dijo él. "Tal vez yo sea cien veces peor que tú."
> Y con estas palabras su corazón se alivió y su nostalgia por el hogar lo abandonó.[36]

¿Dices que quieres ser distinto? ¿Quieres arriesgarte a ser innovador? ¿Realmente quieres liberarte de tus rasgos farisaicos pero no sabes cómo empezar? Empieza por aquí. No conozco nada que carcoma más, que constriña más que el negarse a perdonar. La gente que realmente entrega su corazón es aquella que perdona fácilmente a los que la ofenden. Adelante. Haz lo difícil. Si necesitamos un buen golpe en la cabeza, considera que lo acabas de recibir. No hay mejor lugar para empezar que el perdón. Esta verdad romperá la inercia y abrirá tu prisión, liberándote para cumplir tu búsqueda del carácter maduro.

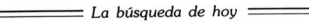

La búsqueda de hoy

¡El es Señor! Lo vemos frecuentemente. Lo cantamos frecuentemente. Pero, ¿nos damos cuenta de su significado? ¿Se ha convertido en una palabra frívola en vez de una declaración de consagración... el riesgo supremo? Sólo tú puedes contestar por ti mismo. Señor significa "uno con plena autoridad, gobernador, a quien se le deben servicio y obediencia". Detente y piensa. Pregunta: "¿Es Señor?" antes de cantar "¡El es Señor!"

Lee Mateo 18:21-35.

---

35. Roger von Oech, *A Whack on the Side of the Head* (Un golpe en la cabeza) (New York: Warner Books, 1983). pág. 9.
36. Paráfrasis de un cuento de Tolstoi tomado de *Russian Stories and Legends* (Cuentos y leyendas rusas) (Pantheon Books), como la relata David A. Redding, *Amazed by Grace* (Maravillado por la gracia) (Old Tappan, N. J.: Fleming H. Revell, 1986), págs. 33, 34.

Conclusión

Durante todas estas páginas he estado enfatizando la búsqueda del carácter maduro. Algunas de las cualidades que Dios forma en nuestro corazón son para ser guardadas, cuidadosa y consistentemente. Pero hay otras cualidades que son para entregar, libre y plenamente. No siempre debemos proteger el corazón de la intrusión. A veces debemos soltarnos... permitir que se nos quebrante... entregarnos. Hace falta tanto guardar como entregar. Como dijera una vez Aristóteles:

> El disfrutar las cosas que debiéramos disfrutar y el odiar las cosas que debiéramos odiar tiene la mayor influencia sobre la excelencia del carácter.

Al igual que una moneda, si no tenemos dos lados diferentes, no tenemos autenticidad ni valor. El proceso del desarrollo del carácter se extiende a través de todos nuestros días —año tras año. Mientras esperamos, Dios obra. Así que no desmayemos. Cuanto más martille, afile, forme y cincele, más estamos siendo conformados a la imagen de su Hijo. Sé paciente. Confía en él aun en el dolor, aunque el proceso sea largo. Dios honra a los que esperan en él.

¡Pero no nos limitemos a esperar! Estos días de desarrollo son más que un proceso pasivo durante el cual nos sentamos con expresión seria como si estuviéramos en un altillo, orando por gracia mientras se lleva a cabo la búsqueda del carácter maduro.

Pienso que necesitamos un cambio de énfasis. No estoy sugiriendo que nos olvidemos de esperar y confiar. Lo que estoy sugiriendo es que nos demos cuenta que los podemos exagerar hasta el punto de anularlos. Podemos llegar a ser tan adeptos a esperar que nunca actuamos... se forman telas de araña, se forma una capa de tierra, bostezamos y murmuramos pasivamente que "a lo mejor algún día" mientras dejamos pasar las oportunidades. Algunas personas tienen la idea de que debemos suspender la mayor parte de la vida hasta que seamos todo lo que debemos ser. Todo, sienten ellos, debe esperar hasta que la búsqueda termine. ¡Todo! Como invitar a unos amigos a tomar un helado. Como ir de día de campo. Como usar el cristal y los platos de porcelana. Como celebrar un cumpleaños... o escaparse para un fin de semana de diversión y romance... o hacer un viaje al extranjero... o salir a navegar un día... o hacer planes para pasar una semana con toda la familia afuera. "No, ahora no, no este año; pero a lo mejor, algún día..."

¡No esperes! La búsqueda del carácter maduro es un proceso importante, por cierto. Pero esperar hasta que todo esté completamente ordenado podría resultar en algo que lamentes el resto de tus días. Me volví a dar cuenta de esto cuando leí un artículo que apareció en el periódico. Si esto no te sacude, nada lo hará. Una mujer llamada Ann Wells escribe lo siguiente:

> Mi cuñado abrió el último cajón de la cómoda de mi hermana y sacó un paquete envuelto en papel de seda. "Esto", me dijo, "no es una simple enagua". Tiró el papel y me alcanzó la enagua. Era exquisita: de seda, hecha a mano y decorada con una telaraña de encaje. La etiqueta con una cifra astronómica todavía estaba en el lugar original. "Jan la compró la primera vez que fuimos a New York, hace por lo menos ocho o nueve años. Nunca la usó. La estaba guardando para una ocasión especial. Bueno, supongo que esta es la ocasión."
> Tomó la enagua de mis manos y la puso en la cama con el resto de la ropa que íbamos a llevar al empresario fúnebre. Sus manos tocaron la suave tela por un momento. Después cerró el cajón y se volvió hacia mí.
> "Nunca guardes nada para una ocasión especial.

Conclusión

Cada día que estás viva es una ocasión especial." Recordé aquellas palabras durante el funeral y los días que siguieron cuando le ayudé a él y a mi sobrina con todas las tristes tareas que siguen a una muerte inesperada. Pensé en ellas en el avión al volver del pueblo donde vive la familia de mi hermana. Pensé acerca de todas las cosas que ella no había visto ni oído ni hecho. Pensé en todas las cosas que había hecho sin darse cuenta que eran especiales.
Todavía sigo pensando en sus palabras y me han cambiado la vida...
No estoy "guardando" nada; usamos nuestros vasos de cristal y nuestros platos de porcelana para cada ocasión especial—como perder un kilo, destapar la cañería, la primera camelia...
"Algún día" y "uno de estos días" están perdiendo su lugar en mi vocabulario. Si vale la pena verlo, u oírlo o hacerlo, quiero verlo y oírlo y hacerlo ahora.
Estoy tratando con mucha fuerza de no postergar, guardar o ahorrar nada que añadiría risa y brillo a nuestra vida.
Y cada mañana cuando abro los ojos me digo que es especial.[37]

Amigo mío, la vida puede ser una selva de dificultades y desilusiones. Los tiempos pueden ser difíciles y la gente puede ser exigente, pero no olvides nunca que la vida es *especial*. Toda la vida. Los días placenteros así como los dolorosos. Los miércoles así como los fines de semana. Las vacaciones así como los días de trabajo. Días que parecen ser insignificantes y aburridos así como aquellos en que vemos al presidente o recibimos una promoción o ganamos un maratón. Cada día es un día especial. ¡Dios está obrando en ti!

¿Y qué? Que bebas cada momento hasta la última gota. No dejes que la búsqueda del carácter maduro te robe el gozo ni te haga ansioso. Sé dulce. Sé positivo. Párate bien. Enfrenta cada amanecer con la resolución refrescada. Estás siendo conformado a la imagen de Cristo. ¡Está sucediendo! El que comenzó la búsqueda la terminará.

Créeme; si Ballard pudo encontrar el *Titanic* en unos trece años, Dios puede lograr su meta en tu vida. En vez de decidir apretar los dientes y soportarlo, ¿por qué no disfrutarlo? Al estar obrando Dios, ¡la vida te espera!

---

37. "What Are We Waiting For?" (¿Qué estamos esperando?) *Los Angeles Times*, 14 de abril de 1985. Usado con permiso.